D1661933

Wiard Popkes / Ralph Brucker (Hg.)

# Ein Gott und ein Herr

Zum Kontext des Monotheismus im
Neuen Testament

Mit Beiträgen von Eve-Marie Becker,
Ralph Brucker, Wiard Popkes,
Gerhard Sellin, Dierk Starnitzke und
Oda Wischmeyer

Neukirchener

Biblisch-Theologische Studien 68

Herausgegeben von
Jörg Frey, Ferdinand Hahn, Bernd Janowski,
Werner H. Schmidt und Wolfgang Schrage

© 2004
Neukirchener Verlag
Verlagsgesellschaft des Erziehungsvereins mbH
Neukirchen-Vluyn
Alle Rechte vorbehalten
Satz und Druckvorlage: Ralph Brucker
Umschlaggestaltung: Hartmut Namislow
Gesamtherstellung: Breklumer Druckerei Manfred Siegel KG
Printed in Germany
ISBN 3–7887–2070–0
ISSN 0930–4800

Bibliographische Information Der Deutschen Bibliothek

Die Deutsche Bibliothek verzeichnet diese Publikation in der
Deutschen Nationalbibliographie; detaillierte bibliographische
Daten sind im Internet über http://dnb.ddb.de abrufbar.

# Vorwort

Über Anlaß und Entstehungsgeschichte dieses Bandes gibt die Einführung von Wiard Popkes Auskunft.

So bleibt den Herausgebern an dieser Stelle die schöne Pflicht des Dankes, zunächst an die Autoren, die bereit waren, ihre Referate für diesen Band zu überarbeiten und in diesem Rahmen als Aufsätze erscheinen zu lassen.

Sodann danken wir den Herausgebern der Reihe „Biblisch-Theologische Studien" für Ihre Bereitschaft, diesen Band in die Reihe aufzunehmen.

Ausgesprochen kooperativ und verständnisvoll zeigte sich der Verlagsleiter des Neukirchener Verlages, Herr Dr. Volker Hampel, wofür ihm an dieser Stelle ein besonders herzlicher Dank ausgesprochen sei. Die uns persönlich unbekannten Mitarbeiterinnen und Mitarbeiter im Verlag schließen wir in diesen Dank mit ein.

Für technische Hilfen in Computerfragen danken wir Jan Roßmanek und Janis Brucker, für bewährt gründliches, diesmal aber obendrein z. T. sehr spontanes Korrekturlesen Axel Horstmann, der uns hoffentlich auch in seinem eben angetretenen Ruhestand noch lange verbunden bleibt.

Möge der nun vorliegende Band die Diskussion um den Monotheismus anregen und bereichern.

Wiard Popkes, Lüneburg          Ralph Brucker, Hamburg

# Inhaltsverzeichnis

"'Monotheism'? But, you'll be *outnumbered!*"

Der Cartoon hängt seit längerer Zeit im Regent's Park College, Oxford. Über seine Herkunft weiß dort niemand mehr Bescheid.

*Wiard Popkes*

Wiard Popkes

# Einführung

Die Projektgruppe Bethel/Bielefeld von Neutestamentlern in der Wissenschaftlichen Gesellschaft für Theologie stellte sich 2002 für ihre nächste Arbeitsphase das Thema „Der Beitrag der Exegese zur Rolle der Religion in der aktuellen Kultur" und wandte sich bei ihrer Tagung im Februar 2003 dem Thema „Monotheismus im Neuen Testament" zu, um damit in eine bereits seit geraumer Zeit laufende Debatte einzusteigen. Die folgenden Artikel sind Produkte dieses Vorhabens.

Die Breite des Hintergrunds der Thematik wird in allen Beiträgen erkennbar; einige sprechen sie direkt an. Bekanntlich brach die Frage des Monotheismus in jüngerer Zeit in vielfältiger Weise auf, was sich in einer Fülle von Veröffentlichungen widerspiegelt. Vorbei sind die Zeiten Schleiermachers, wo der Monotheismus als höchste Entwicklungsstufe der Religion und des Menschengeschlechts galt. Die Debatte hat viele unterschiedliche Facetten. Recht besehen, ist sie so völlig neu nun auch wieder nicht. Das zeigt etwa der von Thomas Söding herausgegebene Sammelband „Ist der Glaube Feind der Freiheit? Die neue Debatte um den Monotheismus" (QD 196, Freiburg 2003). Die Debatte hat eine lange religionswissenschaftliche und philosophische Vorgeschichte. Verschiedene Studien verfolgen sie bis in die alttestamentliche, frühchristliche und altägyptische Antike zurück. Speziell in der alttestamentlichen Wissenschaft kam es zu erheblichen Neubesinnungen. Darüber findet sich ein erster Überblick schon bei Fritz Stolz (Einführung in den biblischen Monotheismus, Darmstadt 1996). Auch Hans Hübner (Wer ist der biblische Gott? Fluch und Segen der monotheistischen Religionen, BThSt 64, Neukirchen 2004) wendet sich ausgiebig dem Alten Testament zu.

Die Begrifflichkeit und deren Geschichte (Theismus, Deismus, Polytheismus, Pantheismus, Monolatrie, Henotheismus, Urmonotheismus, Monojahwismus) wird breit aufgegriffen. Immer wieder kommt auch die alte Frage auf, ob das Christentum angesichts von Christologie und Trinitätslehre überhaupt monotheistisch sei. Den jüdischen Hintergrund dafür behandeln etwa die Studien von Wolfgang Schrage (Unterwegs zur Einheit und Einzigartigkeit Gottes. Zum ‚Monotheismus' des Paulus und seiner alttestamentlich-frühjüdischen Tradition, BThSt 48, Neukirchen 2002) und bereits Ferdinand Hahn (Die Verwurzelung des Christentums im Judentum, Neukirchen 1996) sowie der von Hans-Josef Klauck herausgegebene Aufsatzband „Monotheismus und Christologie. Zur Gottesfrage im hellenistischen Judentum und im Urchristentum" (QD 138, Freiburg 1992). Klauck äußerte sich unlängst auch zum Umfeld des Neuen Testaments („‚Pantheisten, Polytheisten, Monotheisten' – eine Reflexion zur griechisch-römischen und biblischen Theologie", in seinen Studien „Religion und Gesellschaft im frühen Christentum", WUNT 152, Tübingen 2003).

Die Debatte ist allerdings weit über die traditionellen engeren religionswissenschaftlichen Ufer hinausgetreten. Die Weltreligionen, zumal der monotheistische Islam, haben aktuellere Bedeutung gewonnen. Vor allem aber hat sich die Aufmerksamkeit der Rezeption zugewandt. Welche Folgen zeitigt der bzw. ein Monotheismus? Auf der einen Seite kann er als Entgötterung der Welt gelten, indem er den Weg für eine Säkularisierung im Sinne der rationalen Weltgestaltung ebnet. Auf der anderen Seite kann er zu Einseitigkeit, Dominanz und Exklusivität führen. Der Monotheismus geriet damit ins Fadenkreuz der Ideologie- und Totalitätskritik. Die Infragestellung des Monotheismus kommt der Postmoderne mit ihrem Pluralismus der Wertvorstellungen ausgesprochen entgegen. Der Monotheismus gilt hier überwiegend als Ausdruck eines überholten Einheitsdenkens, einer totalitären und intoleranten Weltanschauung, eines Absolutismus, der die Freiheit und die Vielfältigkeit verhindert, verantwortlich gemacht für Kapitalismus und Terrorismus gleichermaßen. Die Weltgesellschaft heute benötige andere Ansätze, um in gemeinsamer, dialogischer Anstrengung ohne gegenseitige Infragestellung in Frieden überleben zu können. Der Monotheismus wird dabei sogar in der Nähe des Fundamentalismus positioniert. Der Polytheismus wird demgegenüber als toleranter, demokratischer und der gesellschaftlichen Pluralität angemessener hingestellt (so bereits Arthur Schopenhauer).[1] „Inzwischen ist der Polytheismus bzw. der Anti-Monotheismus nahezu ein postmodernes Kulturphänomen geworden" (so Gerhard Sellin in seinem Beitrag).

Politisch betrachtet, wurde die Überwindung der totalitären Ideologien im 20. Jahrhundert mit ihren furchtbaren Auswirkungen (Nationalsozialismus, Marxismus-Leninismus) zum Anlaß, den Boden für eine freiheitliche, pluralistische Gesellschaftsordnung zu bereiten. Alle Spielarten von Monopolismus sind in Mißkredit geraten. Was immer sich „Mono-" nennt, signalisiert offenbar Gefahr, darunter Monopolkapitalismus. Noch andere weltanschauliche und religiöse Fragen habe den Monotheismus problematisiert. Dazu zählt die Partnerschaftlichkeit zwischen Männern und Frauen und überhaupt die Rolle des Weiblichen in der Religion bzw. der kirchlichen Institution, scheint doch der klassische Monotheismus unablösbar mit maskuliner Dominanz verknüpft zu sein. Der Bereich der (christlichen) Mission geriet unter den Verdacht des fortgesetzten Kolonialismus, der seinerseits als Folge des Monotheismus bezeichnet wurde.

Als philosophisch-theologische Probleme gelten insbesondere die Wahrheitsfrage und die Theodizee, die sich beide nicht von der Einheit Gottes separieren lassen. Die Ereignisse des 11. September 2001 nun haben den Druck unübersehbar ins Politisch-Konkrete hinein gesteigert. Der Fanatismus einzelner Anhänger einer bestimmten monotheistischen Religion wird aus eben solcher Wurzel der intoleranten Aggressivität hergeleitet. Kurzum, der gesamte weltanschauliche Boden, theoretisch und praktisch, des Monotheismus ist ins Wanken gekommen.

---

[1] Während ich diese Einleitung schreibe, bringen die Medien die Nachricht vom Tod Peter Ustinovs und verschiedene seiner pointierten Sätze. Ich gestatte mir, davon zwei hier passende zu zitieren: „Überzeugungen trennen, Zweifel verbinden uns alle." „Extremisten arbeiten an derselben Sache, auch wenn sie unterschiedliche Ziele verfolgen."

Es ist dies nicht der Ort, die Beobachtungen und Vorwürfe im einzelnen zu analysieren. Nur generell seien ein
paar Fragen angemerkt. Einmal, welche Folgerungen dürfen
aus einer zunächst bloßen Zahlenangabe („mono-") gezogen
werden? Ist nicht der Hauptterminus (eben „-theismus")
ungleich wichtiger? Deshalb und zum zweiten, ist nicht die
Untersuchung der jeweils angezeigten konkreten Qualität
(d. h. wofür steht „Theos" qualitativ, speziell in der Bibel)
vordringlich? Ferner, welche Differenzierungen zwischen
Intention und Rezeption sind für die Problembestimmung
angebracht, ja erforderlich? Ebenso, welche Kausallinien
(etwa in bezug auf die christliche Mission) darf man nach-
weislich ziehen, welche nicht? Pauschal-Lösungen helfen
keinesfalls weiter. Gerade im Blick auf die angesprochene
religiös mitbestimmte politische Praxis sind differenzierende
Analysen unumgänglich. 2003 etwa beklagte die indische
Schriftstellerin Arundhati Roy einen „Hindu-Faschismus" in
ihrem Land, der sich nicht nur gegen Pakistan, sondern gegen alle Muslime richte; die Bewegung beruhe nicht auf
Selbstachtung, sondern auf Haß gegen „die anderen".[2]
Woher rührt solcher Haß? Ist er im Wesen der Religion
(d. h. letztlich im Gottesverständnis) begründet? Was ist an
solchen Bewegungen religiös, genauer: theistisch (der Hin-
duismus ist nur bedingt monotheistisch, stellt er doch eine
Synthese von Polytheismus und Hochgottglaube dar)? Ist
die Exklusivität eher sekundäre Ausprägung als primäre
Anlage, oder umgekehrt? Hat sich, empirisch betrachtet,
Polytheismus tatsächlich friedlicher ausgewirkt? Ähnliche
Fragen müssen im Blick auf den islamistischen Terrorismus
gestellt werden. Sein besonderes Kennzeichen, nämlich das
Selbstmordattentat (intern heißt das Märtyrertod), hat
zweifellos auch religiöse Hintergründe; Anthropologie und
Soteriologie münden in Wertvorstellungen, die zu solchen
Handlungen führen. Was ist daran „monotheistisch"? Gewiß, „Der einsame Gott des Islam" (wie Hanna Kohlbrugge
formuliert, Münster 2003) dürfte in Beziehung zu der Anthropologie und Soteriologie stehen. Aber „Monotheismus"
ist für den (auch für diesen) politischen Bereich ein eher
zu grobes Instrument. Zudem beobachtet man innerhalb

---

[2] „Der mörderische Gott Indiens", DIE WELT, 28.8.2003, S. 9.

monotheistischer Richtungen immer wieder beträchtliche
Spannungen zwischen verschiedenen Lagern, die nicht sel-
ten kriegerisch ausgetragen werden; als Belege genügen der
Dreißigjährige Krieg und im Islam die Kämpfe zwischen
Sunniten und Schiiten.

Der im vorigen skizzierte Hintergrund wird in den Beiträgen
dieses Bandes vorausgesetzt und gelegentlich unmittelbar
aufgegriffen. Die christliche Theologie steht vor einer
grundlegenden und entscheidenden Herausforderung. Was
kann unter diesen Vorzeichen „der Beitrag der Exegese zur
Rolle der Religion in der aktuellen Kultur" sein? Eben diese
Frage stellte sich der Projektgruppe. Verständlicherweise ist
sich die Gruppe der Aspekthaftigkeit ihrer Arbeit bewußt.
Sie kann nur daran mitwirken, die neutestamentlichen Aussagen in ihrer Welt genauer zu verstehen, um so das christliche Gottesverständnis in seinen Wurzeln besser darzulegen.
Es gilt vor allem, präzise hinzuschauen. Immerhin ist das
Neue Testament ein in sich selbst differenziertes Gebilde
mit jeweils eigenen Erfahrungen, Überzeugungen, Traditionen und Verflechtungen bei den unterschiedlichen Autoren.
Sie alle stehen auf dem Boden des alttestamentlichen
Bekenntnisses zu dem „einen Gott", den es zu lieben gilt
(Dtn 6,4f.; Mk 12,29f.; 1Kor 8,4). In gleicher Weise wissen
sich alle dem „einen Herrn" Jesus Christus verpflichtet. Von
Interesse ist weit mehr als die Frage, wie die Relationen zu
dem „einen Gott" und zu dem „einen Herrn" gleichsam
numerisch einander zuzuordnen sind. Vielmehr steht immer
wieder im Vordergrund, was denn dieses doppelte Bekenntnis inhaltlich bedeutet. Das zeigt bereits die Fortsetzung im
sog. Doppelgebot der Liebe, die aus Lev 19,18 die Liebe
zum Nächsten der Liebe zu Gott hinzufügt (Mk 12,31parr.).
Das Frühchristentum verehrte keinen bisher unbekannten
Gott. Gleichwohl ergab sich aus dem Christus-Ereignis ein
großer Bedarf an Neuinterpretation. Das alles spielte sich
in einem religiös vielgestaltigen Raum ab, der nicht nur
theologische Irritationsmöglichkeiten bot, sondern auch
mancherlei Begegnung mit Menschen und Gruppierungen
anderer Überzeugungen, woraus sich auch politische Kon-
flikte ergaben. Im Vordergrund der Untersuchungen dieses
Bandes steht nicht die eher theoretische Frage von Mo-

notheismus, sondern von dessen Kontext in Neuen Testament.

*Oda Wischmeyer* („Gottesglaube, Religionen und Monotheismus in der Apostelgeschichte") eröffnet von der Apg aus eine weite Perspektive auf die faszinierende Welt der Religion(en), in die sich – aus dem Blickwinkel des Lukas – das Frühe Christentum gestellt sah, wo es sich zu behaupten und seine eigene Linie zu finden und zu vertreten hatte. Die Apg zeigt ihren Lesern „eine Welt, in der es keinen Ort ohne Gott, ohne Götter und ohne Religion gibt". Der Beitrag geht deshalb der Frage nach: „Wie positioniert Lukas den christlichen Gottesglauben im religiösen Panorama seiner Zeit?" Dabei wird untersucht, wie die Apg von Gott spricht, wie sich das religiöse Panorama darstellt und ob es spezifisch monotheistische und antipolytheistische Texte gibt. Das Ganze wird abschließend in „Autoren-, Leser- und Interpretenperspektiven" beleuchtet. Das Fazit lautet: „Nicht der Monotheismus kann die Größe sein, die die christliche Gruppe [...] definiert. Es ist vielmehr ein bestimmtes Verständnis des Gottes Israels, das gleichzeitig identitätsbildend und differenzbildend wirkt: Der Gott Israels hat sich nach diesem Verständnis endgültig an Jesus von Nazareth gebunden."

Für *Gerhard Sellin* („Monotheismus im Epheserbrief – jenseits von Theokratie und Ekklesiokratie") ist das Grundthema des Eph die „Eins-heit" (die Eins-heit Gottes und die Einheit der Kirche). „Die philosophische Onto-Theologie hellenistisch-jüdischer Prägung bildet die Basis für den Zusammenhang von Theologie, Christologie, Ekklesiologie und Ethik" im Eph. Die monarchische Tendenz wird durch das beherrschende Motiv der Liebe aufgefangen. „Das ist die Weise, wie Christus ‚herrscht'. Und ‚Kirche' (als ‚Fülle' Christi) ist danach gerade der Ort, an dem die Liebe zum Ausdruck kommt." Eben diese Züge qualifizieren den Monotheismus des Eph. „Auch der zum Monismus tendierende Epheserbrief, der das Wort *eins* so nachdrücklich wie keine andere Schrift im Neuen Testament gebraucht, spricht von Gott immer in Freiheit wahrender [...] Weise."

Den zum Thema am unmittelbarsten sprechenden Text, 1Kor 8,6–8, leitete *Eve-Marie Becker* für das exegetische Gespräch in der Gruppe ein. Dessen Ertrag floß in die jetzt

vorgelegte Fassung ein („ΕΙΣ ΘΕΟΣ und 1Kor 8. Zur frühchristlichen Entwicklung und Funktion des Monotheismus"). Paulus ordnet in 1Kor 8,1–6 verschiedene Elemente
(Poly-, Heno- und Monotheismus) einander zu, wobei er mit
Rücksicht auf die nicht-christliche Außenperspektive die
Wahrnehmung einer polytheistischen Außenwelt nicht aus-
schließt. „An den Grenzen christlicher Gnosis propagiert
Paulus eine Bekenntnisformel. Darin wird die henotheistisch ausgerichtete Christus-Akklamation über den
christlichen Gottesdienst hinaus um ein monotheistisches
Bekenntnis erweitert, so wie die christliche Einsicht in den
Monotheismus von 8,4b nun der Akklamation des christli-
chen Gottesdienstes zugewiesen wird (8,6a–d). Die Christus-
Akklamation wird dadurch untrennbar mit dem monotheistischen Bekenntnis verbunden."

Mit dem christologischen Aspekt befaßt sich auch der
Beitrag von *Ralph Brucker* aus einer speziellen Perspektive
(„Jesus als Gott. ΘΕΟΣ als christologischer Hoheitstitel und
seine Implikationen für den neutestamentlichen Mono-
theismus"). Brucker nimmt Bezug auf Rudolf Bultmanns
Analyse des christologischen Bekenntnisses des Ökume-
nischen Rates der Kirchen („Jesus Christus als Gott und
Heiland"). Im einzelnen durchsucht und gruppiert er das
neutestamentliche Material im Anschluß vor allem an die
Studien von Raymond E. Brown und Murray J. Harris. Die
Belege für die Bezeichnung Jesu als Gott finden sich über-
wiegend in den jüngeren Schriften des Neuen Testaments.
Darin dürfte sich hellenistischer Einfluß bemerkbar machen.
Mit Martin Karrer hebt Brucker die Verzögerung bei der
Verwendung hervor, die einer „Verwechslung mit den vielen
paganen Göttern" wehren wollte.

*Dierk Starnitzke* („Ist der eine Gott in sich selbst unterscheidbar? Monotheismus in systemtheoretischer Sicht")
nimmt für die soziologische Außenperspektive Bezug auf
Niklas Luhmanns Systemtheorie. Der christliche Monotheismus stellt sich, des näheren betrachtet, als ein in sich
differenziertes Gebilde dar. Aufgrund von Luhmanns Differenzierungen ist Gott „einerseits als der in sich ununterscheidbare, *eine* Gott zu denken und darin von der Welt und
allen Gegenständen […] zu unterscheiden. Andererseits äußere er sich für die christliche Theologie in einer ganz be-

stimmten Person zu einer bestimmten Zeit und innerhalb der Welt in besonderer Weise *selbst*". Der christliche Gottesbegriff ist doppelt gefaßt, nämlich „als jenseitiger und zugleich *diesseitiger* Gott, anders gesagt: als Gott und Christus". Somit erweist sich der Gottesbegriff des Christentums als „einerseits monotheistisch [...], andererseits nicht monotheistisch". Die christliche Ausprägung von Monotheismus lasse sich „vielleicht als *individueller und an der Unterscheidung Christus – Gott orientierter Glaube* bezeichnen."

Im Anschluß an den zentralen Text 1Kor 8, an den Beitrag von Gerhard Sellin und an den Aufsatz von Thomas Söding in dem erwähnten Band QD 196 seien noch einige weitere Gedanken angefügt, die das von mir bereits angesprochene Qualitätskriterium näher beleuchten sollen. Sellin nennt die Liebe als Maßstab der Kirche; sie sei „die fundamentalste und radikalste Kritik aller bestehenden Kirchen" und, so können wir erweitern, jedes Monotheismus. Söding verweist auf das Gebot der ungeteilten Liebe in Mk 12,29f. Die Einzigartigkeit des Gottes der Bibel kommt eben darin zum Ausdruck. Die Agape nun ist wesenhaft jeder Aggressivität und Gewalttätigkeit zuwider. Sie besitzt ihr Gütesiegel in der Selbsthingabe Jesu Christi (Gal 2,20; 2Kor 5,14f.). Solche Agape ist für niemanden bedrohlich; vielmehr bewirkt sie die Befreiung zur Gemeinschaft im Frieden. Hier liegt der Ansatz zum eigentlichen biblischen Monotheismus, der nicht ein bloß formaler ist, sondern eine unverwechselbare Qualität besitzt. Solches deutlich herauszustellen, dürfte in der Tat ein „Beitrag der Exegese zur Rolle der Religion in der aktuellen Kultur" sein.

Oda Wischmeyer

# Gottesglaube, Religionen und Monotheismus in der Apostelgeschichte

„Alles ist voll von *Göttern*" – diesen Satz würde Lukas ändern in: „Alles wird beherrscht von *Gott, dem Schöpfer*." Ein heutiger Leser dagegen wird bei der Lektüre der Apostelgeschichte zu dem Urteil kommen: „Alles war voll von *Religion*".

Die Apostelgeschichte zeigt ihren damaligen und heutigen Lesern eine Welt, in der es keinen Ort ohne Gott, ohne Götter und ohne Religion gibt. Von Jerusalem bis Rom hallt die griechisch-römische Welt wider von der Verkündigung der Apostel Jesu Christi, vom λόγος τοῦ θεοῦ, wie ihn Petrus, Paulus und die übrigen Apostel auf großen Marktplätzen, in und vor den örtlichen Synagogen, vor kleinen religiösen Gruppen[1] und in Gemeindeversammlungen, aber auch vor Statthaltern und Königen verkünden. Am Ende des Buches spricht Paulus in seiner römischen ξενία bzw. seinem μίσθωμα in Rom zu Juden, Christen und Heiden.[2]

Aber nicht nur das: Überall ereignen sich Wunder, überall erwarten die Menschen Götter[3], die Städte gehören Göttern – so Ephesus der Artemis, Engel erteilen Menschen Aufträge oder retten sie. Menschen geraten in Ekstase.[4]

---

[1] 16,13. Zu der historischen Frage, ob bei Paulus mit einer Verkündigung in der großen Öffentlichkeit zu rechnen sei, vgl. kritisch mit guten Argumenten W. REINBOLD, Propaganda und Mission im ältesten Christentum. Eine Untersuchung zu den Modalitäten der Ausbreitung der frühen Kirche, FRLANT 188, 2000, 200–202. – Ich danke W. Popkes für verschiedene Hinweise.

[2] 28,23.30. Vgl. dazu O. WISCHMEYER, Das Wort Gottes im Neuen Testament. Eine theologische Problemanzeige, in: U. H. J. KÖRTNER (Hg.), Wort Gottes. Kerygma, Religion. Zur Frage nach dem Ort der Theologie, 2003, 27–40.

[3] 10,25; 12,22; 14,15; 28,6.

[4] 3,10; 10,10; 11,5.

Nachts sehen sie Gesichte. Propheten treten auf. Die Apostel sind geisterfüllte Enthusiasten. Kollektive Geistphänomene ereignen sich. Heidnische – so der jüdisch-christliche Ausdruck – Zauberer und Wahrsager konkurrieren mit jüdischen Zauberern und christlichen Aposteln. Fremde Götter – in der vorsichtigen Sprache des Lukas ξένα δαιμόνια genannt[5] – werden überall verkündet. Diese Verkündigung läuft bei den verwöhnten und religiös unsensiblen Athener Philosophen unter τι καινότερον. Den Jerusalemer Juden dagegen geht die Predigt des Petrus „ins Herz". So auch bei der Rede des Stephanus, dort aber negativ: „Und sie knirschten mit den Zähnen"[6]. Und so bleibt es bis zum Schluß des Buches: „Die einen stimmten dem zu, was (Paulus) sagte, die anderen aber glaubten nicht."[7]

Die Apostelgeschichte läßt sich als Buch über das religiöse Leben des östlichen Imperium Romanum im 1. Jahrhundert n. Chr. lesen, auch wenn deutlich ist, daß sie selbst sich als Geschichte des Laufes des Wortes Gottes versteht. Kultur, Gesellschaft, Wirtschaft, Politik, Philosophie – alle diese Bereiche sind für den Verfasser jedenfalls thematisch unwichtig und begegnen nur sporadisch als erzählerisches Kolorit. Die Welt erklärt sich ihm nicht als politische, ökonomische oder intellektuelle Konstellation, sondern als Platz der Auseinandersetzung um die (wahre) Religion. Das gilt auch für die Kapitel 24–26, in denen der Verfasser Paulus vor den politischen Autoritäten auftreten läßt. Kein Ort, besser vielleicht: keine Stadt ist für ihn also ohne Religion, ohne Religionen und ohne religiösen Wettbewerb mit Predigt, Wundern, religiösen Phänomenen und Personen aller Art – und daneben gab es, wie der Verfasser sehr wohl wußte, überall die offizielle Polisreligion mit ihrem Polytheismus bzw. Henotheismus und in Jerusalem und in allen Diasporastädten die Religion der Juden mit ihrem einen Gott und ihren Synagogen.

In diesem Zusammenhang stellt sich die Frage, der dieser Beitrag nachgeht: *Wie positioniert Lukas den christlichen Gottesglauben im religiösen Panorama seiner Zeit?* Wenn

---

[5] 17,18.
[6] 7,54.
[7] 28,24.

man sich mit diesem Thema beschäftigt, muß vorweg folgendes berücksichtigt werden: Von Gott sprechen alle neutestamentlichen Schriften ausführlich[8], die neunzig Nestleseiten der Apostelgeschichte am häufigsten.[9] Dasselbe gilt natürlich auch für das lukanische Doppelwerk. Umso erstaunlicher ist der Umstand, auf den Jacob Jervell hinweist: „Äußerst selten finden wir Darstellungen des Gottesglaubens bei Lukas, abgesehen von Ausführungen zu Apg 17"[10]. Thematische Überlegungen zum Gottesglauben und speziell zum Monotheismus in der Apostelgeschichte sind daher notwendig. Sie sind vor allem dann sinnvoll, wenn sie in den großen Zusammenhang des Sprechens von Göttern, Gott und Religion in der Apostelgeschichte gestellt werden. Dazu muß das religiöse Panorama, das Lukas aufbaut, nachgezeichnet werden. Auf dieser Basis ist dann die Frage nach einem möglichen Monotheismus im polytheistischen Umfeld des Urchristentums sinnvoll.

## 1. Wie spricht die Apostelgeschichte von Gott?

Die Apostelgeschichte beginnt mit einem Rückgriff auf das Lukasevangelium: Jesus redete mit den Aposteln τὰ περὶ τῆς βασιλείας τοῦ θεοῦ.[11] Jesus selbst, der Vater[12] und der Heilige Geist[13] sind die Bezugsgrößen am Beginn der Apo-

---

[8] R. MORGENTHALER: Statistik des neutestamentlichen Wortschatzes, Zürich/Frankfurt u. a. 1958: Apg 166 Belege, Lk 122 Belege.

[9] Ein grober Vergleich: das gleichlange Matthäusevangelium hat ein Drittel der Apg-Belege, das Lukasevangelium, mit fast 100 Nestleseiten länger als die Apostelgeschichte, doch nur ¾ der Apg-Belege. Weitere wichtige Schriften für die Theo-logie: Röm, 1–2Kor, Hebr, 1Petr, 1Joh, Offb.

[10] J. JERVELL, Die Apostelgeschichte, KEK 3, 1998, 92, Anm. 245. – Vgl. F. BOVON, Le Dieu de Luc, RSR 69, 1981, 279–300; JERVELL, a. a. O., 90–105; W. ECKEY, Die Apostelgeschichte II, 2000, 611–621; C. K. BARRETT, The Acts of the Apostles II, ICC, London/New York 1998, LXXXII–CVI; D. MARGUERAT, The First Christian Historian. Writing the 'Acts of the Apostles', Cambridge 2002, 85–108.

[11] 1,3. Vgl. die Wiederaufnahme in V. 7. Weiter: 8,12; 14,22; 19,8; 20,25; 28,23.31.

[12] 1,4.7.

[13] 1,2.5.9.

stelgeschichte. Damit wird sogleich zu Beginn des Buches der Gott Israels programmatisch neu definiert: als Gott *Jesu*, der den *Geist der Endzeit* gesendet hat. Der Rahmen, in dem von diesen Größen gesprochen wird, ist der einer Epiphanie[14], die mit einer Himmelfahrt bzw. Entrückung schließt.[15] Das heißt, daß Lukas die Apostelgeschichte mit einer Verbindung von spezifischem Rückgriff auf die Darstellung des Evangeliums und ihrer Israel-zentrierten christlich-theologischen Sprache[16] sowie einer religiösen Szenerie, die Juden, Christen und Heiden gleichermaßen verständlich war, beginnen läßt.

Die Pfingstpredigt des Petrus ist aus einer pointiert alttestamentlichen Theologie heraus geschrieben: Gott erfüllt die Verheißung, die er dem Propheten Joel über die Geistausgießung in der Endzeit gegeben hat. Die Wendung λέγει ὁ θεός[17], bezogen auf die γραφή, d. h. die Septuaginta, bindet den Gott, von dem Lukas spricht, exklusiv an den Gott *der Bibel* des griechischsprachigen Judentums und des Urchristentums.

Zwei weitere alttestamentliche Prädikationen sind für die Rede von Gott in der Apostelgeschichte wesentlich: der Gott *der Väter*[18] und des Bundes, der die Verheißungen erfüllt[19], sowie – deutlich weniger häufig – Gott, *der Schöpfer*[20].

---

[14] Terminologie: παρέστησεν ἑαυτόν (er stellte sich ihnen vor Augen) und ὀπτανόμενος (von ὀπτάνομαι hap.leg. im NT; er ließ sich sehen und erschien).

[15] Vgl. dazu P. PILHOFER: Livius, Lukas und Lukian. Drei Himmelfahrten, in: DERS., Die frühen Christen und ihre Welt, WUNT 145, 2002, 166–182.

[16] Vgl. dazu F. BOVON, Gott bei Lukas, in: DERS., Lukas in neuer Sicht, BThSt 8, 1985, 98–119.

[17] Vgl. 3,21f.; 7,6f.

[18] Vgl. 3,13; 3,25; 5,30; 7,2.17.32; 13,17; 22,14; 24,14. (Zusätzliche Motive zu θεὸς τῶν πατέρων ἡμῶν 3,13: der Gott Abrahams, Isaaks und Jakobs 3,13; 7,32; Bundesschluß 3,25 und 7,8; ὁ θεὸς τῆς δόξης 7,2; ὁ θεὸς τοῦ λαοῦ τούτου Ἰσραήλ 13,17; λατρεύω τῷ πατρῴῳ θεῷ 24,14).

[19] 3,18; 13,32ff.; 26,22 u. ö.

[20] 4,24 (die Urgemeinde betet zu Gott dem Schöpfer mit Ex 20,11/ Ps 146,6); 14,15 (Paulus und Barnabas zitieren Ex 20,11/Ps 146,6 gegen die falsche Verehrung als Götter, die ihnen in Lystra entgegengebracht

In mehreren Wendungen begegnet Septuagintasprache: τὰ μεγαλεῖα τοῦ θεοῦ[21], Gott tut σωτηρία[22], Gott die Ehre geben[23], Gott als der καρδιογνώστης[24].

Daneben beobachten wir zwei wesentlich christlich eingefärbte theologische Wendungen: erstens λόγος τοῦ θεοῦ, gebraucht nicht mehr für die eben dargestellte Rede Gottes im alttestamentlichen Sinn, sondern nun für die Verkündigung der Apostel[25], sowie zweitens ὁ θεὸς νεκροὺς ἐγείρει bzw. ὁ θεὸς ἤγειρεν (Ἰησοῦν) ἐκ νεκρῶν[26]. Lukas achtet darauf, die allgemeine Auferstehungshoffnung und die Botschaft von Jesu Auferstehung im Judentum zu verankern, indem er den Auferstehungsglauben der Pharisäer betont. Trotzdem stellt die Botschaft von *Jesu* Auferstehung eine christliche Differenzaussage dar und wird von den Juden nach der Erzählung des Lukas stets so verstanden. Für die Heiden erweist sich die Auferstehungsbotschaft als scharfe Differenzaussage: Apg 17,32. Andere Wendungen sind ἡ ὁδὸς τοῦ θεοῦ[27] und ἡ ἐκκλησία τοῦ θεοῦ[28].

Die heidnische oder synkretistische Konkurrenz zu den Gottesprädikationen formuliert Lukas eher selten, nämlich nur an drei Stellen seiner Erzählung:

*Simon Magus* wird von den Samaritanern als ἡ δύναμις τοῦ θεοῦ ἡ καλουμένη μεγάλη bezeichnet.[29] In unserem

---

wird); 17,24 (Areopagrede: kein direktes Zitat, semantische Ähnlichkeit nur mit Weish 9,9 ὅτε ἐποίεις τὸν κόσμον).

[21] 2,11.

[22] 7,25.

[23] 12,23.

[24] 1,24; 15,8.

[25] 4,31; 6,2.7; 8,14; 11,1; 12,24; 13,5.7.44.46.48; 16,32; 17,13; 18,11. Vgl. dazu O. WISCHMEYER, s. o. Anm. 2.

[26] 26,8. – 3,15; 4,10; 5,30; 10,40; 13,30.37. Weiter die Aussagen zur ἀνάστασις Jesu : 1,22; 2,31; 4,2.33; 26,23. Aussagen zur allgemeinen Totenauferstehung: 17,18.32 (Areopagrede); 23,6.8; 24,15.21 (alle Stellen im Zusammenhang der Pharisäerthematik).

[27] 18,26. Sonst begegnet ὁδός als Bezeichnung des Christentums nicht zusammen mit θεός (9,2; 18,25; 24,14.22).

[28] 20,28. Nur hier mit θεός.

[29] 8,10.Vgl. dazu New Documents Illustrating Early Christianity, ed. J. H. R. HORSLEY, vol. I, 1981 (repr. 1984), 105–107; vol. III, 1983, 32. Interessant an der lukanischen Wendung ist die Frage, ob τοῦ θεοῦ ein lukanischer Zusatz ist, der entweder die Qualität der Selbstbezeich-

Zusammenhang ist wichtig, daß es sich um eine polyvalente religiöse Bezeichnung handelt, die sowohl im paganen religiösen Kontext als auch in der jüdischen religiösen Sprache verständlich ist.[30] Im lukanischen Zusammenhang soll sie sich für jüdische und christliche Ohren natürlich blasphemisch ausnehmen.

Die Magd mit dem „pythischen Geist" läuft in *Philippi* Paulus und seinen Begleitern nach und ruft: οὗτοι οἱ ἄνθρωποι δοῦλοι τοῦ θεοῦ τοῦ ὑψίστου εἰσίν[31]. Auch die Prädikation θεὸς ὕψιστος ist religiös polyvalent.[32] Sie findet

---

nung des Simon Magus mißversteht oder verharmlost (δύναμις ἡ μεγάλη als vollwertige Gottesbezeichnung), oder ob es sich um eine tradierte Selbstbezeichnung des Simon Magus handelt. ND 1, 107, neigt anhand einer Kore-Inschrift aus Samaria zu der Meinung, das Adjektiv „groß" sei ein Titel (S. 107) und τοῦ θεοῦ eine lukanische Glosse (mit E. HAENCHEN, Die Apostelgeschichte, KEK 3, ⁶1968, 253). ND 3, 32, kommt aufgrund einer lydischen Inschrift für den Gott Men zu drei Beobachtungen bzw. Urteilen: (1.) Es handelt sich um synkretistische Sprache. (2.) "ἡ δύναμις as a synonym for God was not restricted to Jewish thought." (3.) "It may work against Haenchen's deletion of τοῦ θεοῦ" (S. 32). Vgl. jetzt J. ZANGENBERG, Δύναμις τοῦ θεοῦ. Das religionsgeschichtliche Profil des Simon Magus aus Sebaste, in: Religionsgeschichtliche Studien zum Neuen Testament. FS Klaus Berger, hg. v. A. v. DOBBELER, K. ERLEMANN, R. HEILIGENTHAL, 2000, 519–540. ZANGENBERG versteht Simon als hellenistischen Wundertäter, der nicht spezifisch samaritanisch geprägt ist. Weiter: DERS., Between Jerusalem and the Galilee. Samaria in the Time of Jesus, in: J. H. CHARLESWORTH (ed.), Jesus and Archaeology, Grand Rapids 2004 (im Druck). – Interessant ist die weitere Entwicklung der Simon-Prädikationen bis hin zum „ersten Gott", bei Justin überliefert, Apologie I 26,3 (a), vgl. S. HAAR, Simon Magus: The First Gnostic? BZNW 119, 2003, 244ff.

[30] Vgl. Philon, VitMos I 111: Gott als die μεγίστη δύναμις. – Vgl. allgemein zum Thema C. K. BARRETT, The Acts of the Apostles I, ICC, Edinburgh 1994, 406–408.

[31] 16,17.

[32] Vgl. dazu allgemein BARRETT, The Acts of the Apostles II, 786f.; speziell C. COLPE/A. LÖW, Art. Hypsistos (Theos), RAC 16, 1994, 1035–1056. COLPE/LÖW kommen für die Frage nach der religiösen Verortung der Prädikation zu folgender These: „Die Titulierung eines Gottes als Höchsten muß an mehreren Stellen unabhängig voneinander entstanden und bestehen geblieben sein. Daneben gibt es die Möglichkeit der Beeinflussung zwischen heidnischem und jüdischem [...] Bereich. [...] Beeinflussung [ist] grundsätzlich in beiderlei Richtung in

sowohl für die klassischen griechischen Götter als auch für die autochthonen kleinasiatischen Götter, in der religiösen Sprache der jüdischen Diaspora und auch in „jüdisch-heidnische[n] Mischkulte[n] in Kleinasien und am Schwarzen Meer" Anwendung.[33] Lukas verwendet sie mehrfach für den Gott Israels: 1,32.35.76; 6,35; 8,28; Apg 7,48. Für beide Prädikationen gilt zusätzlich die Lokalbezogenheit: θεὸς ὕψιστος ist im paganen Bereich weder stets Zeus noch etwa ein philosophischer Gott, sondern auch der jeweilige lokale und persönliche höchste Gott, den der Stadtbewohner oder der Einzelne anruft.[34]

---

Betracht zu ziehen. Geht diese vom jüd. Bereich aus, dann wird das Heidnische judaisiert, und das Jüdische wird semipagan. In umgekehrter Richtung wird das Jüdische paganisiert, und das Heidnische wird semijüdisch" (1038). – STEPHEN MITCHELL hat jüngst die breite Streuung des Kultes des Theos Hypsistos seit dem 2. Jh. v. Chr. dargestellt. Die Hypsistarier verehrten ein höchstes göttliches Wesen, das durch Boten wie Apollon mit den Menschen verkehrte. Dies Modell paßt genau zu den Vorstellungen der Apostelgeschichte. (S. MITCHELL, The Cult of Theos Hypsistos between Pagans, Jews and Christians, in: P. ATHANASSIADI, M. FREDE (edd.), Pagan Monotheism in Late Antiquity, Oxford 1999, 81–148; DERS., Wer waren die Gottesfürchtigen?, Chiron 28, 1998, 55–64; bestätigend: W. AMELING, Ein Verehrer des ΘΕΟΣ ΥΨΙΣΤΟΣ in Prusa ad Olympum (IK 39,115), Epigraphica Anatolica 31, 1999, 105–108; kritisch: M. STEIN, Die Verehrung des Theos Hypsistos, EA 32, 2001, 119–125.). Vgl. allgemein: S. MITCHELL, Anatolia II. The Rise of the Church, Oxford 1993, 11–52 (Pagans, Jews, and Christians from the First to the Third Century). Dort besonders zu den Boten der Götter ἄγγελοι (s. u.). – Vgl. auch unten Anm. 119.

[33] M. HENGEL, Judentum und Hellenismus, WUNT 10, [3]1988, 545f., und insgesamt 532–554 (vgl. dazu COLPE/LÖW, RAC 16, 1048f.).

[34] Hier ist der Hinweis von B. GLADIGOW wichtig, daß polytheistische Kulte durch Regionalisierung sich in Richtung auf Henotheismus hin entwickeln können: „Nur noch der Gott, vor den man getreten ist, ‚gilt etwas'" (HRWG IV, 1998, 327). GLADIGOW weist auf die „daraus hervorgehenden elativischen oder superlativischen Prädikationen (im Schema von Jahwe-allein, heis theos, summus, optimus, maximus)" hin (a. a. O.). Dieser Hinweis betrifft die θεὸς-ὕψιστος-Prädikationen ebenso wie den ephesinischen Artemiskult mit dem Slogan: Groß ist die Artemis der Epheser (dazu s. u.). – Vgl. dazu auch MITCHELL, Anatolia II, 43ff., und DERS., Wer waren die Gottesfürchtigen?, Chiron 28, 1998, 55–64. MITCHELL versteht den Kult des Theos Hypsistos als einen

Wenn die Magd die Apostel als δοῦλοι τοῦ θεοῦ τοῦ ὑψίστου bezeichnet, sind also sehr verschiedene religiöse Beziehungsfelder angesprochen: erstens die jüdische oder auch schon die christliche Gottesvorstellung. Dann spräche die Magd – unwissentlich oder gegen ihren Willen – Wahrheit aus wie die Dämonen im Markusevangelium. Oder aber sie meint einen der Lokalgötter in Philippi.[35] Die Erzählung gibt keinen eindeutigen Hinweis in dieser Sache: ein schönes Beispiel dafür, wie eng beieinander die unterschiedlichen Religionen in den kaiserzeitlichen Großstädten lagen und wie verwirrend die religiöse Orientierung sein konnte.[36]

Dieser Aspekt wird in der *Artemis-Erzählung* besonders deutlich. Die ephesinische Artemis wird in der Darstellung des Lukas von den Ephesern als die μεγάλη und als die Ἄρτεμις Ἐφεσίων bezeichnet und akklamiert[37]. Ihre μεγαλειότης ist aus der Sicht ihrer Anhänger in Gefahr[38]. Verehrt wird sie in ganz Asia und in der οἰκουμένη[39]. Hier ist die Perspektive der einheimischen Silberschmiede von Lukas wohl sehr zutreffend wiedergegeben, wenn er die Mischung der religiösen und kommerziellen Interessen in Ephesus darstellt. Interessant ist, daß die Epheser nach der Perspektive der lukanischen Erzählung ihre Göttin (θεά) gleicherweise als lokale und oikumenische Gottheit und praktisch als die einzige und größte – μέγας im Sinne von ganz groß – verstehen.[40]

---

„im Grunde heidnischen Monotheismus, der von jüdischen Anschauungen stark beeinflußt und geprägt wurde" (S. 64).

[35] Vgl. dazu ausführlich P. PILHOFER, Philippi I. Die erste christliche Gemeinde Europas, WUNT 87, 1995, 182–188. PILHOFER möchte bei dem in Philippi verehrten höchsten Gott an den Ζεὺς ὕψιστος denken, der „gerade in Makedonien breit bezeugt" ist (184). Vgl. die Inschriftenbelege bei PILHOFER.

[36] Ein sehr instruktives Beispiel für diesen Synkretismus stellen die sog. Beichtinschriften dar: G. PETZL, Die Beichtinschriften im römischen Kleinasien und der Fromme und Gerechte Gott, SNWAW Vorträge G 355, 1998 (Literatur!).

[37] 19,27.28.34.

[38] 19,27.

[39] 19,27.

[40] Vgl. Xenophon von Ephesus I 11,5: τὴν πάτριον ἡμῖν θεόν, τὴν μεγάλην Ἐφεσίων Ἄρτεμιν.

Zusammenfassend läßt sich zu den Gottesprädikationen bemerken: Neben den leitenden jüdischen und urchristlichen Gottesprädikationen, die im religiösen Spektrum der frühen Kaiserzeit deutlich als *religiöse Differenzsprache* wahrgenommen werden mußten, nennt Lukas pagane Gottesprädikationen, die ihrerseits so allgemein sind, daß sie die religiösen Differenzierungen überschreiten und sich als Teil einer allgemeinen religiösen Sprache, *einer religiösen Koine der Zeit*, lesen lassen, die von Juden, Christen und Heiden verstanden oder mißverstanden werden konnte. Lukas kennt die allgemeine Sprache dieser Zeit und kann einige markante Züge kaiserzeitlicher Religion in Kleinasien und Griechenland relativ zutreffend beschreiben, ohne allerdings seine eigene christliche Perspektive aufzugeben. Denn aus seiner Sicht sind alle diese religiösen Prädikationen falsch, wenn sie von Heiden gebraucht werden.

## 2. Wie stellt sich das religiöse Panorama dar?

Das religiöse Panorama, in dem sich die urchristliche Mission ereignet, stellt Lukas in vielen Episoden erzählend dar. An einigen Stellen begegnet die pagane Religion der Osthälfte des frühen kaiserzeitlichen römischen Reichs sehr explizit als Götterverehrung. Ich stelle zunächst die entsprechenden Perikopen unter der Fragestellung vor, welche Gottheit des griechischen Pantheons jeweils ins Spiel kommt.

### 2.1 Gottheiten und Kulte

In Lystra heilt Paulus einen gelähmten Mann. Die Lykaonier rufen daraufhin: οἱ θεοὶ ὁμοιωθέντες ἀνθρώποις κατέβησαν πρὸς ἡμᾶς[41]. Sie identifizieren die Apostel mit Zeus und Hermes. Barrett weist darauf hin, daß "the two gods (or their Lycaonian equivalents) might already have been familiar as a pair of deities associated with the

---

[41] 14,11.

area."[42] Gestalten des olympischen Pantheons werden hier lokal verehrt. Lukas beschreibt eine typische Kultusszene[43]. Auch die „Zurückweisung göttlicher Ehren[44] ist [...] in der profanen Literatur Motiv".[45]

In Philippi begegnet den Aposteln die παιδίσκη ἔχουσα πνεῦμα πύθωνα[46]. Mit dieser Redewendung ist aber nicht mehr an den pythischen Apollon und seine Priesterin, die Pythia, selbst gedacht, sondern an einen Wahrsagegeist. Diese Wendung gehört also in den Zusammenhang der Mantik, nicht der Verehrung der olympischen Götter.[47]

In Ephesus kommt es zum massiven Zusammenstoß mit dem Kult der θεὰ ᾽Αρτεμις.[48] Der Erzählung kommt eine Schlüsselfunktion zu: Paulus befindet sich im politischen und wirtschaftlichen Zentrum der Asia.[49] Die Stadt ist nicht nur Sitz der Artemis, sondern auch νεωκόρος. Neokoros ist hier wohl noch nicht Ehrentitel im Rahmen des Provinzial-kaiserkultes, sondern im Rahmen des Kultes der „jeweiligen Schutzgottheiten", d.h. der Artemis[50], zu verstehen. Ephe-sus ist ein religiöses Zentrum hohen Ranges und zugleich

---

[42] BARRETT I, 677. Vgl. H. CONZELMANN, Die Apostelgeschichte, HNT 7, [2]1972, 87ff. – Vgl. auch MITCHELL, Anatolia II, 24 (Inschriften aus der Gegend von Iconium und Lystra).

[43] VV. 13 und 18.

[44] 10,26.

[45] CONZELMANN, 88.

[46] 16,16.

[47] Vgl. dazu ausführlich F. AVEMARIE, Warum treibt Paulus einen Dämon aus?, in: Die Dämonen. Die Dämonologie der israelitisch-jüdischen und frühchristlichen Literatur (hg. v. A. LANGE, H. LICHTEN-BERGER, K. F. D. RÖMHELD), 2003, 550–576. Wichtig sind zwei Hinweise: „Act 16 bietet damit für πύθων in mantisch-dämonologischer Bedeutung einen der frühesten Belege überhaupt" (357). Und: „Wenn die Apostelgeschichte also eine Erscheinung als πνεῦμα bezeichnet, die Plutarch zweifellos zu den δαίμονες gerechnet haben würde, spiegelt sie an diesem Punkt nicht den profangriechischen, sondern jenen orientalisch-jüdischen Sprachgebrauch, wie er in den Evangelien vor-herrscht" (358). – Wieder begegnet uns die allgemeine religiöse Spra-che und Vorstellungswelt der Zeit.

[48] 19,23–40.

[49] Vgl. P. SCHERRER u. a., Art. Ephesus, DNP 3, 1997, 1078–1085: seit 30/29 v. Chr. wurde Ephesus „zum Sitz des Prokonsul von Asia" (1082).

[50] Vgl. F. GRAF und A. LEY, Art. Artemis, DNP 2, 1997, 53–59, und J. WILLIAMS, Art. Neokoros, DNP 8, 2000, 827f.: 827.

Zentrum der paulinischen Mission. Lukas läßt Paulus hier eine exemplarische Auseinandersetzung mit der paganen Religion durchstehen.[51] Interessant ist für unsere Fragestellung die Verbindung der Aussagen von 19,26 und 19,35. Der γραμματεύς spricht von der großen Artemis καὶ τοῦ διοπετοῦς.[52] Τὸ διοπετές ist das vom Himmel gefallene Bild. Conzelmann weist darauf hin, daß wir keine Nachrichten über ein solches Bild in Ephesus haben, allerdings über ein derartiges Bild der taurischen Artemis.[53] Möglicherweise spricht Lukas für Ephesus von einem vom Himmel gefallenen Bild, um den Gegensatz zur jüdisch-christlichen Götterbildkritik: οὐκ εἰσὶν θεοὶ οἱ διὰ χειρῶν γινόμενοι von V. 26 explizieren zu können.

Auf der Fahrt nach Rom gerät Paulus in einen heftigen und lang anhaltenden Sturm. Er spricht zur Schiffsbesatzung und spendet ihr Trost unter Verweis auf den ἄγγελος τοῦ θεοῦ, οὗ εἰμι [ἐγώ] ᾧ καὶ λατρεύω.[54] Hier spricht Paulus die religiös gemischte Schiffsbesatzung so an, daß der Gott Israels und der Gott Jesu lediglich als „sein" Gott erwähnt wird, so daß er mit jeder Gottheit des paganen Pantheons kompatibel erscheint.[55] Die Rede vom Engel dieses Gottes ist ebenfalls religiöses Allgemeingut.[56]

Auf Malta wird Paulus von einer Schlange gebissen. Lukas läßt die Barbaren sagen: ἡ δίκη (αὐτὸν) ζῆν οὐκ εἴασεν.[57] Wer ist diese δίκη? Ist sie die Rachegöttin wie in der

---

[51] Vgl. dazu R. OSTER, The Ephesian Artemis as an Opponent of Early Christianity, JAC 19, 1976, 24–44. OSTER weist auf den oikumenischen Anspruch hin, der sich in Artemisinschriften findet (DITTENBERGER, Sylloge 2, Nr. 867,29–34). OSTER bezieht sich außerdem auf Apg 19,27.

[52] V. 35.

[53] CONZELMANN, 123: Euripides Iph. Taur. 78f.1984f. – Die Überlegungen BARRETTS II, 936, zu Meteoriten als vom Himmel gefallenen Bildern sind interessant, auch wenn wir aus Ephesus kein solches Bild kennen und die alten Artemisbilder kleine tragbare Holzbilder waren (DNP 2, 56).

[54] 27,23.

[55] Lukas selbst stellt durch 27,35 klar, daß es sich um „Gott" selbst handelt.

[56] Vgl. S. A. MEIER und J. W. VAN HENTEN, Art. Angel I.II, DDD, ²1999, 45–53. Ebf. MITCHELL, Anatolia II, 35f.

[57] 28,4.

Luther- und der Einheitsübersetzung? Barrett spricht hier
richtig von Dike als einer Personifikation: "It might be bet-
ter to spell δίκη with a capital Δ. [...] The barbarians may
well have personified Justice as divine being."[58] Von kultischer Verehrung und Lokalbezug ist hier keine Rede. Wohl
aber wird noch einmal wie in Lystra Paulus als Gott verehrt:
ἔλεγον αὐτὸν εἶναι θεόν.[59]

Zusammenfassend zeigt sich, daß drei olympische Gottheiten von Lukas erwähnt werden: Zeus, Hermes und Artemis. Zeus und Hermes begegnen aber nicht eigens thematisch, sondern nur in der Figur des Mißverständnisses. Die
einzige pagane Gottheit, die deutlich in den Blick kommt, ist
also die große Artemis von Ephesus. Dies dürfte, wie schon
gesagt, kein Zufall sein. Offensichtlich war der Artemis-Kult
in Ephesus so bedeutend, daß Lukas sich die Tätigkeit des
Paulus in Ephesus ohne eine Auseinandersetzung mit dem
Artemiskult nicht vorstellen konnte.[60] In anderen Städten
der paulinischen Mission wie Thessaloniki, Philippi usw. war
die religiöse Lage viel uneinheitlicher. Lukas läßt die Auseinandersetzung in Ephesus um drei Punkte geführt werden:

– die ökonomische Bedeutung des Devotionalienhandels
– die religiöse Frage nach der Herkunft und Autorität des Artemisbil-
des und die Bestreitung der Gottheit selbst mit dem Argument der von
Händen gemachten Bilder
– die politische Bedeutung des Neokorentitels für die Stadt.

---

[58] Barrett II, 1223. Vgl. die Art. Personifikation, DNP 9, 2000, 639–
647 (A. Bendlin und H. A. Shapiro); Dike, DNP 3, 1997, 570–572
(F. Graf und G. Thur). Im Art. God II (Θεός), DDD, ²1999, 365–369,
bestätigt P. W. van der Horst das Verhältnis von δίκη und Δίκη (367)
im Sinne der Personifikation. – Dazu passen die alten Überlegungen,
ob Lukas in Apg 17,18 andeuten will, die Athener meinten, Paulus
verkünde das Götterpaar ‚Jesus' und ‚Die Anastasis' (vgl. dazu vorsich-
tig Th. Köppler, Paulus als Verkünder fremder δαιμόνια. Religionsgeschichtlicher Hintergrund und theologische Aussage von Act 17,18, in:
Die Dämonen, 577–583). Dies Verständnis ist mindestens im kaiserzeitlichen Athen vorstellbar.

[59] 28,6. Vgl. Conzelmann, 157; Barrett II, 1224. Beide weisen darauf hin, daß es sich hier um einen typischen barbarischen Irrtum handelt, der nicht eigens richtiggestellt werden muß.

[60] Über die historische Seite der Frage muß hier nicht nachgedacht
werden. (Vgl. Conzelmann, 121f.).

An dem einen Beispiel der ephesinischen Artemis setzt sich Lukas also konkret und differenziert mit dem griechischen Polytheismus, der zum lokalen Henotheismus tendiert, auseinander.

Ein vierter Punkt ist vielleicht auch nicht unwichtig. Lukas läßt auch die Juden mitagieren: Sie schicken Alexander vor, der anscheinend gegen Paulus sprechen soll, von der Menge aber niedergeschrieen wird.[61] Diese unklare religiöse Gemengelage zusammen mit einer στάσις ergibt ein historisch plausibles Bild.

## 2.2 Mantik, Magie und Wunder

Religion wird von Lukas eher in Gestalt von Mantik und Magie als in Gestalt der Verehrung der olympischen Götter und der vielen anderen Gottheiten der griechisch-römischen und östlichen Welt wahrgenommen. Überall begegnen die Apostel diesen Formen der religiösen Praxis.

*Mantik* bzw. Divination[62] begegnet im paganen Bereich auf sehr trivial-kommerzieller Ebene bei der Magd in Philippi.[63] Interessant ist aber, daß die Apostel selbst prophezeien und damit die jüdische Spielart der Mantik übernehmen. Von der prophetischen Überführungsszene in Kapitel 5 über den Propheten Agabus[64] sowie die Töchter des Philippus[65] bis zu Paulus selbst[66] reicht die Kette der Prophezeiungen.

---

[61] Vgl. die ausführliche Analyse bei BARRETT II, 917f. und 932f.

[62] Vgl. S. MAUL u. a., Art. Divination, DNP 3, 1997, 703–718. – Allgemein hilfreich ist die Darstellung bei G. WEBER, Träume und Visionen in Prinzipat und Spätantike, Historia 143, 2000, 30–91. WEBER führt dort in die Terminologie und in die Tradition von „Träumen und Visionen in der Antike" (30–55) und in „Träume und Visionen im Alltag der römischen Kaiserzeit" ein (56–91). Wichtig ist WEBERs Hinweis, in der antiken Terminologie sei nicht deutlich „zwischen einem Traum, der dem Zustand des Schlafes zugeordnet ist, und einer Vision, die einer Person im Wachen zuteil wird," unterschieden worden (31). Das trifft auf die Apg zu. Wie Träume und Visionen der antiken Divination zugeordnet sind, beschreibt WEBER, a. a. O., 46ff.

[63] 16,16–22. Der Fachbegriff μαντεύεσθαι begegnet nur hier im NT.

[64] 11,28 und 21,10.

[65] 21,8f.

[66] 27,10.21ff.34.

Die Episode mit dem Magier bzw. Pseudopropheten Barjesus bzw. Elymas in 13,4–12 macht deutlich, wie schwer die
Grenzen zwischen geistgeleiteter christlicher Prophetie und
Mantik jüdischer oder paganer Herkunft zu ziehen waren.
Dasselbe gilt auch für die Abgrenzung zwischen Mantik
und Magie. Denn Barjesus wird auch Magier genannt. *Magie*, d. h. Zauberei, nimmt einen gewissen Platz in der Apostelgeschichte ein: 13,4–12 steht neben 8,9–25 (Simon Magus). 8,11 fällt das Stichwort Magie.[67] 19,13–20 begegnen
jüdische Exorzisten[68] aus der Familie eines Hohenpriesters.
Sie treiben im Namen jenes Jesus, ὃν Παῦλος κηρύσσει,
Geister aus.[69] Die Geister aber wenden sich gegen sie. Historisch interessant ist die Notiz über die Verbrennung der
Zauberbücher.[70] Die Zauberei (τὰ περίεργα)[71] wird damit in

---

[67] Vgl. J. Wagner u. a., Art. Magie, Magier, DNP 7, 1999, 657–672. –
Allgemein F. Graf, Gottesnähe und Schadenzauber. Die Magie in der
griechisch-römischen Antike, 1996. Für die Apg vgl. H.-J. Klauck,
Magie und Heidentum in der Apostelgeschichte des Lukas, SBS 167,
1996. – Wichtig sind die Ausführungen von N. Janowitz, Magic in the
Roman World; London/New York 2001, 70ff. (Divine Powers, Human
Hands. Becoming Gods in the first centuries). Janowitz zeigt, daß
Heiden, Juden und Christen untereinander und gegeneinander in
Machtkämpfe um die Frage nach dem Besitz und der Herkunft magi-
scher Kräfte verstrickt waren. Die Erzählung Apg 19,13–20 wird vor
diesem Hintergrund verständlich: als Streit um den Umgang mit der
magischen Kraft, die dem Jesusnamen innewohnt, und als Streit um die
authentische und autorisierte Person, die mit dieser Kraft umgehen
darf. – Vgl. dies., Icons of Power. Ritual Practices in Late Antiquity,
Pennsylvania State University, 2002; G. Lacerenza, Jewish Magicians
and Christian Clients in Late Antiquity: The Testimony of Amulets
and Inscriptions, in: What Athens has to do with Jerusalem, FS
G. Foerster, ed. L. V. Rutgers, Interdisciplinary Studies in Ancient
Culture and Religion 1, Leuven, 2002, 393–419 (bes. zu jüdischen
Magiern); T. E. Klutz, Magic in the Biblical World. From the Rod
of Aaron to the Ring of Solomon, London/New York 2003; darin
bes. D. Marguerat, Magic and Miracle in the Acts of the Apostles
(100–124).
[68] 19,13 substantivisch und verbal (ὁρκίζω).
[69] 19,13.
[70] 19,19. Dazu Graf, Gottesnähe, 11 (mit Anm. 11). Zu Zauberbü-
chern allgemein ebd., 10ff. (ein Zauberbuch aus dem 1. Jh. n. Chr.:
PGM Translation CXXII).
[71] Die Wortgruppe περιεργ- ist als Umschreibung für Zauberprakti-
ken geläufig.

Ephesus zur zweiten großen Gegnerin der apostolischen Missionspredigt. Diese lukanische Darstellung zeigt die Wirklichkeit religiöser Praxis am Ende des 1. Jahrhunderts in Ephesus. Artemiskult und Magie stehen als zwei große religiöse Herausforderungen der christlichen Predigt gegenüber. Dabei legt der Verfasser der Apostelgeschichte – historisch nicht zu Unrecht – Wert darauf, die Verstrickung von Juden in das Zauberwesen deutlich zu machen, wodurch das religiöse Panorama noch differenzierter wird: Führende Juden nutzen – erfolglos – christliches Exorzismus-*Knowhow* und bewegen sich damit aus der Sicht des Lukas im Milieu ephesinischen Zauberwesens, in das tatsächlich Heiden, Juden und Neuchristen gemeinsam verstrickt waren.[72]

In den Zusammenhang von Mantik und Magie gehört das *Wunder*. Auch hier bewegen wir uns in der synkretistischen Grauzone kaiserzeitlicher Religiosität. Die Studie von Bernd Kollmann über „Jesus und die [...] Wundertäter"[73] hat dies Feld neu vermessen und die Landschaft von „Magie, Medizin und Wundercharismatikertum"[74] im Schnittfeld von paganen, semijüdischen, jüdischen und christlichen Wundercharismatikern dargestellt.[75] Die Apostelgeschichte schildert Wunder öfter als Auseinandersetzung zwischen den christlichen Aposteln und ‚Zauberern'. Simon der Magier wird vom Apostel Philippus zunächst durch dessen Predigt gleichsam besiegt. Es folgt die Notiz: Θεωρῶν τε σημεῖα καὶ δυνάμεις μεγάλας γενομένας ἐξίστατο.[76] Wie schwer ein samaritanischer Magier es als Christ hatte, zeigt dann die Episode 8,14–25. Magier dachten in beruflich-wirtschaftlichen Kategorien. Hier scheint ein Unterschied zwi-

---

[72] 19,17–19. Vgl. dazu GRAF, Gottesnähe, 12ff.

[73] B. KOLLMANN, Jesus und die Urchristen als Wundertäter. Studien zu Magie, Medizin und Schamanismus in Antike und Christentum, FRLANT 170, 1996.

[74] Ebd. 61ff.

[75] Leider hat KOLLMANN aus Apg nur zwei Erzählepisoden herangezogen: 9,36–43 (Tabita) und 19,13–17 (Söhne des Hohenpriesters Skeuas). – Zur Terminologie vgl. ebd. 53f. In der Apg begegnet ϑαῦμα nicht, σημεῖα und τέρατα sowie δυνάμεις dagegen häufig, 4,22 das σημεῖον τῆς ἰάσεως. – Zum folgenden vgl. auch R. BRUCKER, Die Wunder der Apostel, ZNT 7 (4. Jg. 2001), 32–45.

[76] 8,13.

schen nichtchristlichen und christlichen Wundertätern zu
liegen. Denn Simon Magus zog damit den ganzen Zorn des
Petrus auf sich. Daß Magier im Umkreis der christlichen
Apostel ein gefährliches Leben hatten, zeigt ebenso die Epi-
sode 13,1–12 mit dem bereits erwähnten Strafwunder an
Barjesus und den Söhnen des Hohenpriesters Skeuas in
Ephesus.[77]

Strafwunder treffen aber auch Christen, so Hananias und
Saphira, die den Geist belogen haben.[78] Im übrigen unter-
stützen die Apostel von Anfang an ihre Predigt durch Zeichen und Wunder[79], d. h. durch Heilungen, Exorzismen und
Totenerweckungen. Dabei sind sie erfolgreich und werden
von den Dämonen anerkannt, d. h. sie haben Macht über die
Dämonen.

Auf der anderen Seite agieren Engel bei Befreiungswun-
dern[80], Erdbeben öffnen den Aposteln ihr Gefängnis[81], und
Philippus wird vom Geist selbst an einen anderen Ort ent-
rückt[82]. Schließlich geschehen an Paulus vor Damaskus mit
der Epiphanie Jesu verbundene Wunder: Erblindung und
Wiedergewinnung der Sehkraft.


2.3  Der Bereich der religiösen Kommunikation

Neben den Götterkulten und Mantik und Magie öffnet sich
ein weites Feld religiöser Phänomene und literarischer religiöser Topoi. Es handelt sich hauptsächlich um drei Bereiche: erstens um Epiphanien, zweitens um Geistphänomene

---

[77] 19,13–20.

[78] 5,1–11. Auch diese Vorstellung kann christlich wie pagan sein: vgl.
die Strafandrohungen für Vergehen gegen die Kultsatzung eines Pri-
vatheiligtums in Philadelphia/Lydien (ed. F. SOKOLOWSKI: Lois sacrées
de l'Asie Mineure, Travaux et mémoires 9, Paris 1955, S. 53–55
(Nr. 20). Vgl. dazu E. EBEL, Die Attraktivität früher christlicher Gemeinden. Die Gemeinde von Korinth im Spiegel griechisch-römischer
Vereine, WUNT 2/178, 2004.

[79] Erzählepisoden: 3,1–10; 9,32–34; 9,36–41; 14,8–10; 16,16–22;
20,7–12; 28,1–6 (Selbstheilung!); 28,7–10. Summarien und Notizen:
5,12–16; 7,8; 8,6f.13; 15,12; 19,11f.

[80] 5,17–26; 12,3–19.

[81] 16,23–34.

[82] 8,29f.

und um das Eingreifen von Engeln, aber auch Geistern[83], drittens um die Kommunikation der Menschen mit der übernatürlichen Welt. Wir befinden uns damit in der Kommunikationszone zwischen Göttern und Menschen.[84] Ich kann diese Kommunikationszone zwischen Göttern bzw. dem Gott, den die Apostelgeschichte verkündet, und den Menschen hier nur kursorisch ansprechen. Dabei wird besonders deutlich, daß Gottesglaube und Religion gerade in diesem Bereich für Lukas Wirklichkeit sind, die er literarisch darstellen will.

*Epiphanien* ereignen sich an zentralen Punkten in der Apostelgeschichte. Am ersten Pfingstfest „erscheinen" (ὤφθησαν) den Jüngern „Zungen wie von Feuer" (2,3). Hinzu kommt ein Auditionswunder (V. 6ff.). Stephanus sieht (εἶδεν) die Herrlichkeit Gottes (7,56). Vor Damaskus hat Saulus eine Lichterscheinung und eine Audition, in der Jesus zu ihm spricht und ihm einen Auftrag gibt (Kap. 9). Im Zusammenhang damit erscheint der Kyrios auch Hananias und spricht zu ihm. D. h. auch Hananias hat ein sog. ὅραμα[85] mit Audition und Beauftragung.[86] Es handelt sich also um ein zweifaches Doppelphänomen, mit dem eines der literarischen Zentren der Apostelgeschichte gestaltet wird. In Kapitel 10 folgt eine vergleichbare Episodenkombination. Zunächst hat der Centurio Cornelius ein ὅραμα: Ein Engel Gottes tritt bei ihm ein. Die Erscheinung ist wieder mit Au-

---

[83] Siehe dazu oben. Die Grenze zwischen δαίμονες und πνεύματα bzw. Wirkungen des πνεῦμα ist aus der religiösen Außenperspektive unscharf. Der Verfasser der Apostelgeschichte will auch hier Klarheit schaffen.

[84] Vgl. dazu B. GLADIGOW, Art. Gottesvorstellungen HRWG III, 1993, 32–49: 45: Formen der Kommunikation mit den Göttern". GLADIGOW unterscheidet „1. Körperliche und materielle Kontakte", „2. Verbale Kontakte: Sprechen, Epiklese, Gebet", „3. Anschauen oder Sehen der Götter" (S. 45), „4. ,Spirituelle' Kontakte: Eingeben, Einhauchen, Begaben, ,Zeichen' geben" [...] „6. Verehrungsformen. Asymmetrische Beziehungen zu Göttern" (S. 46).

[85] Außer Mt 17,9 nur in Apg: 7,31; 9,10; 10,3.17.19; 11,5; 12,9; 16,9; 18,9 (vgl. ὅρασις Apg 2,17; 9,17).

[86] Zu der Verbindung von (Traum)erscheinung und Beauftragung vgl. P. PILHOFER, Die hellenistisch-römische Welt und die neutestamentliche Wissenschaft, in: O. WISCHMEYER (Hg.), Herkunft und Zukunft der neutestamentlichen Wissenschaft, NET 6, 2003, 85–96.

dition und Beauftragung verbunden. Am nächsten Tag – so
Lukas – gerät Petrus in eine ἔκστασις καὶ θεωρεῖ τὸν
οὐρανὸν ἀνεῳγμένον. Diesmal ist mit der Offenbarung eine
konkrete Vision verbunden, die allegorischen Charakter hat
(10,10ff.). Es folgen Audition und Beauftragung, letztere
breit dialogisch ausgebaut und durch die dreifache Durchführung zusätzlich mit Bedeutung aufgeladen. Durch die
Ankunft der Gesandten des Cornelius und durch eine weitere Beauftragung durch den Geist werden nun die beiden
Erzählungen zusammengeführt. Gemeinsam ziehen Petrus,
die Gesandten und einige „Brüder" zu Cornelius. Cornelius
und Petrus erzählen einander ihre Erscheinungen
(10,28.30ff.). Es folgt ein zweites Pfingstwunder für die Heiden (V. 45f.), wieder mit Geisterscheinung und Auditionswunder. Die Kapitel 9 und 10 stellen aus der Sicht des Lukas
die Grundlage für die Legitimation der Heidenmission dar:
das Hauptthema seines Buches nach der Anfangsmission in
„Jerusalem und Judäa und Samaria" (1,8). Diese entscheidende Wendung der Mission der Apostel wird durch massi-
ve Visionen/Auditionen/Beauftragungen legitimiert. Daß
dies religiöse *cluster* der Legitimation der Heidenmission
gilt, wird dann in der großen apologetischen Rede des
Petrus vor den Judenchristen in Jerusalem theologisch deutlich gemacht (Kap. 11).[87]

Die makedonische Mission von Paulus und Timotheus
beginnt mit einem nächtlichen ὅραμα (16,9f.). Es handelt
sich wie schon bei Cornelius um eine allegorische Erscheinung. Ein makedonischer Mann steht vor dem Apostel und
ruft ihn. Peter Pilhofer weist zu Recht darauf hin, wie singulär dies ist: „Nirgendwo sonst wird einem Missionar durch
ein ὅραμα ein neues (geographisches) Ziel gewiesen".[88] Ein

---

[87] Daß auf die entscheidenden Visionen und Auditionen des Petrus
und des Paulus im Verlauf der Reden in der Apostelgeschichte immer
wieder verwiesen wird, merke ich hier nur an.
[88] P. PILHOFER, Philippi I. Die erste christliche Gemeinde Europas,
WUNT 87, 1995, 154. Vgl. dort auch zu den anderen singulären Zeugen von Apg 16,1–10. – ὅραμα steht sonst in Apg für eine Erscheinung
des Herrn (9,10; 18,9) bzw. des Engels des Herrn (10,3). Interessant ist
12,9: Petrus hält fälschlich den „realen" Engel des Herrn für ein ὅραμα. Im Gefängnis ist der Engel aber real anwesend – wenn auch in ei-

nächtliches ὅραμα des Herrn stärkt Paulus in Korinth (18,9). Ebenso stärkt ihn der Herr nachts durch eine Audition in Jerusalem (23,11). Die Epiphanien bzw. Visionen und Auditionen werden von Engeln und Propheten begleitet.[89] *Engel* wirken bei Wundern mit[90], sie sprechen mit den Aposteln[91], auch Menschen haben Begleitengel[92]. Für Lukas gehören die Engel zum Glaubensbereich der Pharisäer (23,8). Wenn er selbst von Engeln berichtet, schließt er sich in diesem Punkt den Pharisäern an.[93] Neben den Engeln als Vertretern der himmlischen Welt stehen die *Propheten*, die ebenfalls im Bereich der Kommunikation zwischen göttlicher und menschlicher Welt wirken. Der Prophet Agabus (11,27ff. und 21,7ff.) weissagt einmal eine Hungersnot, beim zweiten Mal tritt er mit einer Zeichenhandlung hervor, die Gottes Ratschluß über Paulus darstellt.[94] Die Töchter des Philippus weissagen (21,8).

Engel und Propheten aber sind Sprachrohr und Werkzeug des *Geistes*, der in der Apostelgeschichte eine entscheidende Rolle spielt.[95] Die Apostel sind seit Pfingsten die her-

---

ner Lichtaureole. 7,31 versteht den brennenden Dornbusch als ὅραμα des Mose.

[89] Wichtig ist 12,9. Hier findet gerade kein ὅραμα statt, sondern der Engel ist „in Person" da.

[90] 5,17–26; 12,3ff.; 12,23 (Strafwunder).

[91] 8,26.

[92] 12,15. – Vgl. auch 7,53: Das Gesetz ist (stellvertretend) durch Engel gegeben (vgl. Gal 3,19, dort aber ins Negative gewendet).

[93] Vgl. J. MICHL u. a., Art. Engel, RAC 5, 1962, 54, 1962, 54–322; zu der Apg-Notiz dort 84. Die jüdischen Engelvorstellungen entwickeln sich historisch gesehen besonders in der jüdischen Apokalyptik und Mystik. Weiteres zu ἄγγελοι im paganen Bereich bei S. MITCHELL, Anatolia 2, Oxford 1993, 45ff. (weitere Lit. S. 46 Anm. 264): "Belief in angels as divine messengers had a long history in central Anatolia, and was certainly encouraged by Jewish practice" (S. 46). Vgl. auch New Documents Illustrating Early Christianity 6, 1992, 206–209 (R. A. KEARSLEY).

[94] Auf die Nähe zwischen Engeln und Propheten als Mittlergestalten weist MITCHELL, 46, hin: "Another intermediary was the prophet".

[95] Vgl. R. MORGENTHALER, Statistik des neutestamentlichen Wortschatzes, Zürich/Frankfurt 1958, 133 (mit 70 Belegen ist πνεῦμα ein zentraler Begriff in Apg, und Apg hat die bei weitem meisten Belege im NT, 1Kor ist mit 40 Belegen an zweiter Stelle). – Vgl. die klassische

ausragenden Geistträger und im Geist Zeugen Jesu (5,32).
Die Wirkungen des Geistes gelten entweder den Aposteln –
Apostel predigen in Jerusalem in fremden Sprachen, sie sind
vom Geist erfüllt, Philippus wird vom Geist entführt – oder
den Gemeinden.[96] Das Aposteldekret ist von den Säulen
„und dem heiligen Geist" gegeben (15,28). Besonderen
Einfluß nimmt der Geist auf die Missionsreisen des Paulus.[97]
Geistgabe und Taufe, die im Urchristentum eng verbunden
sind, haben für den Verfasser der Apostelgeschichte ein besonderes Interesse.[98] Er legt größten Wert darauf, daß die
christliche Taufe zur Geistverleihung führt, so daß nach Lukas alle Christen Geistträger sind.

Die *religiöse Kommunikation*[99], vermittelt durch den
Geist, kann im Gebet in besonderer Weise gelingen. Das
Gemeindegebet in Apg 4,23–30 ist ein solcher Moment der
Kommunikation. Die Gemeinde betet zu Gott dem Schöp-
fer. Sie bittet um Vollmacht und darum, „daß Heilungen,
Zeichen und Wunder geschehen durch den Namen deines
Knechtes Jesus" (4,30). Gott gewährt die Bitte: Die Erde
bebt, die Beter empfangen den heiligen Geist und beginnen
zu predigen.[100]

---

Darstellung von G. W. H. LAMPE, The Holy Spirit in the Writings
of St. Luke, in: Essays in Memory of R. H. Lightfoot, Oxford 1955,
159–200. Weiter J. JERVELL, Die Apostelgeschichte, KEK 3, 1998,
97–99 („Gott ist der Gott des *Geistes*", S. 97). Vgl. jetzt S. E. PORTER,
The Paul of Acts. Essays in Literary Criticism, Rhetoric, and Theology,
WUNT 115, 1999, darin: Paul and the Holy Spirit in Acts (67–96).

[96] 4,31; 10,44ff. (Geist bei den Heiden).

[97] 13,1–3; 16,6f.; 19,21f.; 20,22f.; 21,4.

[98] Vgl. dazu F. AVEMARIE, Die Tauferzählungen in der Apostelgeschichte, WUNT 139, 2002. – Texte: Die bekehrten Samaritaner empfangen den Geist erst durch Petrus und Johannes (8,14ff.). Apollos
ζέων τῷ πνεύματι ἐλάλει καὶ ἐδίδασκεν ἀκριβῶς τὰ περὶ τοῦ Ἰησοῦ
(18,24ff.). Er kannte nur die Johannestaufe. In Ephesus findet Paulus
einige Jünger, die nur mit der Johannestaufe getauft sind und den Heiligen Geist nicht kennen. Paulus tauft sie. Sie empfangen den Geist
und die Gabe der Glossolalie (19,1ff.).

[99] Vgl. K. BRODERSEN (Hg.), Gebet und Fluch, Zeichen und Traum.
Aspekte religiöser Kommunikation in der Antike. Antike Kultur und
Geschichte 1, 2001. Darin bes. J. RÜPKE, Antike Religionen als Kom-
munikationssysteme, 13–30.

[100] Petrus und Paulus beten an entscheidenden Punkten ihres Lebens – darauf sei hier nur hingewiesen.

## 3. Gibt es spezifisch monotheistische und antipolytheistische Texte?

Ich komme nun zu der speziellen Frage nach dem Monotheismus in der Apostelgeschichte und beginne mit dem Definitorischen.

### 3.1 Definitionen

Die Frage nach dem Monotheismus läßt sich am besten als Frage nach Monotheismus und Polytheismus bearbeiten. Der Begriff des Polytheismus stammt von Philon[101], d. h. er transportiert die antike jüdisch-philosophische Sicht auf die griechisch-römische Religionswelt. Er ist „in polemischer Funktion gegen die nichtjüdischen antiken Religionen gerichtet."[102] Philon kannte demgegenüber nicht den Begriff Monotheismus, sondern sprach von Gottes μοναρχία.[103] Der Begriff Monotheismus wurde erst von dem englischen Religionsphilosophen Henry More 1660 geprägt.[104] Monotheismus fungierte so „als Kontrastbegriff zu dem bereits 1580 von Jean Bodin für die europäische Tradition wiederentdeckten Terminus Polytheismus"[105]. Etwas vereinfacht gesagt stammen also die zentralen religionsgeschichtlichen Begriffe Polytheismus und Monotheismus aus der antiken *jüdisch*-philosophischen Tradition und ihrer Rezeption im frühaufklärerischen England. Die Perspektive ist antikjüdisch. Dieser wesentliche Umstand muß bei jeder Diskussion über den Monotheismus bedacht werden. In der

---

[101] B. GLADIGOW, Art. Polytheismus, HRWG IV, 1998, 321–330: 322. Philon verwendet die Vokabeln πολύθεος häufig, πολυθεία einmal in Mut 205: οἱ πολυθείας ἐρασταί.

[102] A. a. O. 322.

[103] Vgl. B. LAY, Art. Monotheismus, NBL 2, 1995, 834–844: 834.

[104] HENRY MORE, An Explanation of the Grand Mystery of Godliness, 1660. Vgl. R. BLOCH, Art. Monotheismus, DNP 8, 2000, 375–378.

[105] G. AHN, Art. Monotheismus, MLR 2, 1999, 481–484: 482. Vgl. auch DERS., ‚Monotheismus' – ‚Polytheismus'. Grenzen und Möglichkeiten einer Klassifikation von Gottesvorstellungen, in: M. DIETRICH/O. LORETZ (Hg.), Mesopotamica – Ugaritica – Biblica. FS Kurt Bergerhof, 1993, 1–24.

gegenwärtigen Religionswissenschaft wird als *Polytheismus*
„eine Religionsform bezeichnet, in der ein Handeln einer
Mehrzahl persönlich vorgestellter Götter konzipiert ist. Das
Handeln der Götter wird dargestellt als aufeinander bezogen, auf die Welt gerichtet, die Menschen betreffend. Von
der bloßen Mehrzahl von Götterkulten in einer bestimmten
Religion unterscheidet sich eine polytheistische Religion
durch eine ‚Binnenstruktur' ihres Götterapparats, durch ein
in sich gegliedertes und durch ein Handlungssystem bestimmtes Pantheon".[106] *Monotheismus* dagegen heißt „der
Glaube, daß es nur einen einzigen Gott gibt [...] Unter *Henotheismus* oder *Monolatrie* versteht man die Verehrung eines einzigen Gottes unter der Anerkennung der Existenz
anderer Götter."[107] Wichtig ist der Umstand, daß sich in der
Antike „mit polytheistischem Glauben [...] die zeitweise
(Henotheismus) oder dauernde (Monolatrie) Alleinvereh-
rung eines einzigen Gottes" vertragen.[108] Ebenso wichtig ist
der Hinweis darauf, daß „hell[enistische] Juden wie Josephus [...] ausdrücklich auf Toleranz anderen Göttern gegenüber bestanden [haben], was natürlich ein Erfordernis
der Diasporaexistenz war: ‚Unser Gesetzgeber hat uns ausdrücklich verboten, die von anderen anerkannten Götter zu
verspotten oder zu lästern' (Josephus, Ap. II 237, nach Ex
22,27 LXX: ‚über Götter sollst du nicht übel reden')".[109]
Weiterführend sind die Überlegungen von Burkhard Gladigow zum Verhältnis von Polytheismus und Monotheismus[110]: „Die Möglichkeit einer Co-Existenz von Monothe-
ismen aller Art mit Polytheismen kann so als ‚Normalfall'
von Religion in komplexen Kulturen angesehen werden, der
erst dann prekär wird, wenn Religions*typen* auf dem Gebiet
einer Soteriologie konkurrieren [...]. Eine theologisch
beeinflußte Dualisierung von Monotheismus und Poly-

---

[106] Art. Polytheismus, HRWG IV, 321.

[107] A. V. STRÖM, Art. Monotheismus I. Religionsgeschichtlich, TRE
23, 1994, 233–237: 233.

[108] Art. Monotheismus, NBL 2, 834.

[109] Ebd. 838. Vgl. auch Philon, VitMos II 205; SpecLeg I 53.

[110] B. GLADIGOW, Polytheismus und Monotheismus. Zur historischen
Dynamik einer europäischen Alternative, in: Polytheismus und Mo-
notheismus in den Religionen des Vorderen Orients, hg. v. M. KRE-
BERNIK und J. VAN OORSCHOT, AOAT 298, 2002, 3–20: 8.

theismus hat in der Forschung dazu geführt, daß man weithin übersehen hat, daß zwischen beiden religiösen Komplexen über erhebliche Zeiträume hinweg wechselseitige und konkurrierende Deutungen und Inklusionsversuche abgelaufen sind".

## 3.2 Monotheismus und Polytheismus in der Apostelgeschichte

Gegenüber dieser Konstellation wird deutlich, daß ein reiner Monotheismus tatsächlich nicht mehr die Fragestellung Philons, sondern das Bewußtsein der neuzeitlichen Religionsphilosophie, die nach dem Ur-Monotheismus[111] suchte, voraussetzt. So zur Vorsicht gemahnt, frage ich nun nach Polytheismus und Monotheismus in der Apostelgeschichte. Sicher steht die Frage nach der Anzahl der Gottheiten für den Verfasser der Apostelgeschichte nicht zur Diskussion. Er spricht durchgehend und ausschließlich von dem „lebendigen Gott, der Himmel und Erde und das Meer und alles, was darin ist, gemacht hat" (14,15). Dem stehen die μάταιοι θεοί gegenüber, von denen es sich zu bekehren gilt (ἐπιστρέφειν im Sinne von Abkehr[112]): ebenfalls 14,15. In der Lystrageschichte spricht Paulus aber nicht von dem einen Gott im Gegensatz zu den vielen Göttern, sondern von dem lebendigen Gott Schöpfer im Gegensatz zu den leeren, nichtigen Göttern[113], denen die Einwohner von Lystra dienen. In welcher Weise die vielen Götter nichtig sind und wie man sich von ihnen abkehrt, wird hier nicht gesagt.

Monotheismus und Polytheismus finden wir noch einmal thematisiert, und zwar in der Areopagrede. Paulus setzt bei dem optisch und künstlerisch manifesten Polytheismus der Stadt Athen an: κατὰ πάντα ὡς δεισιδαιμονεστέρους ὑμᾶς θεωρῶ (17,22). Wie in Lystra vermeidet Lukas den Begriff θεοί und wählt den schwächeren Ausdruck δεισιδαίμονες:

---

[111] Vgl. B. LANG, Art. Urmonotheismus, HRWG V, 280–283.
[112] So auch an prominenter Stelle in 15,19.
[113] Nicht zufällig verwendet Lukas das Wort „Götter" nicht, sondern spricht nur von ἀπὸ τούτων τῶν ματαίων – das Wort θεῶν muß der Leser aus θεόν ergänzen.

fromm, religiös-penibel[114]. Im folgenden verkündet Paulus
wieder nicht den „einen Gott", sondern den Schöpfer Gott.
Polemik gegen die „Götter" findet nur unterdrückt in V. 29
statt, in den Elemente der jüdischen Anti-Götterbild-Pole-
mik aufgenommen wurden.
    Dies Motiv begegnet ebenfalls in der Artemisperikope.
Auch 19,26ff. geht es im Sinne des Lukas aber nicht um Polytheismus und Monotheismus, sondern um die (indirekte)
Götterbildpolemik, die auch die Gottheit selbst tangiert
(V. 27). Der monotheistische Teil fehlt hier. Ein εἷς θεός-
Bekenntnis, wie wir es von Paulus kennen, das die Voraussetzung jedes Monotheismus bildet, finden wir in der Apostelgeschichte nicht.[115]
    Für Lukas spielt das pagane Pantheon also keine Rolle.
Er nimmt das religiöse Leben seiner Zeit eher von den paganen Götterbildern sowie vor allem von der allgemeinen
Mantik und Magie und der religiösen Kommunikation her
wahr. Lukas verkündigt auch nicht einen monotheistischen
Gott in einer polytheistischen Welt. Er verkündigt einer teils
polytheistisch, teils henotheistisch, jedenfalls aber in vielfältigen religiösen Formen lebenden Welt den einen wirkenden
Gott, der Pantheon und religiöse Praxis der Heiden gleichsam aufrollt. Lukas spricht im narrativen Medium der Geschichte der Verkündigung des λόγος θεοῦ vom Gott Israels, der der Vater Jesu Christi ist und Jesus auferweckt hat,
von dem lebendigen und wirkenden Gott, der der Schöpfer
der Welt und Menschen ist und der allen Menschen das Heil
gesandt hat und der durch seinen Geist in den Aposteln
wirkt. Lukas und die Missionare seiner Apostelgeschichte
lassen die heidnische Welt und ihre mythologischen Konstellationen hinter sich. Das gilt besonders für die Frage
nach „den Göttern".

---

[114] Vgl. die Abhandlung von Plutarch, De superstitione, Moralia
165E–171F (δεισιδαιμονία). – Vgl. die Neuausgabe mit Übersetzung
von H. GÖRGEMANNS: Plutarch. Drei religionsphilosophische Schriften.
Über den Aberglauben. Über die späte Strafe der Gottheit. Über Isis
und Osiris. Griechisch-deutsch. Übers. und hg. v. H. GÖRGEMANNS
unter Mitarbeit von R. FELDMEIER u. J. ASSMANN, Düsseldorf/Zürich
2003.
[115] Natürlich kennt Lukas das εἷς ὁ θεός: vgl. Lk 18,19.

## 4. Autoren-, Leser - und Interpretenperspektiven

Betrachten wir abschließend die gestellte Frage in Distanz zu den Einzeltexten, indem wir die Autoren-, die Leser- und die Interpretenperspektive darstellen.

### 4.1 Autorenperspektive

Über die Autorenperspektive läßt der Verfasser seine Leserschaft nicht im unklaren. Sein zweiter λόγος ist dem Gang der Zeugenschaft der Apostel von Jerusalem und Judäa über Samaria „bis an die Enden der Erde" – konkret bis nach Rom gewidmet. Die Geschichte der Zeugenschaft bzw. der Missionspredigt wird durch die Kraft des heiligen Geistes ermöglicht, der auf die Jünger kommen wird. Dies Programm des Autors lesen wir in Apg 1,6–8. Die geisterfüllte Zeugenschaft wird in der Pfingsterzählung programmatisch Wirklichkeit, und zwar im Feuerwunder für die Apostel, in der Taufe für alle Christen (2,38f.). Die Stationen des Zeugnisses vor den Juden bis hin zu den Heiden der Oikumene (zuletzt 28,23–28) müssen hier nicht nachgezeichnet werden.

Der Verfasser versteht die Anfangsgeschichte des Christentums als geistgewirkte Geschichte, und zwar nach Joel 3,1–5 (Apg 2,17–21). Prophezeiungen, Visionen, Träume, Wunder und Zeichen ereignen sich in der Christentumsgeschichte, die als Missionsgeschichte verstanden ist und zugleich Beginn der Endzeit ist (2,19). All das entnimmt der Verfasser der prophetisch verstandenen „Schrift" Israels, die auf die apostolische Zeit hin auszulegen ist.

### 4.2 Leserperspektive

Die Leserperspektive – bezogen auf eine zeitgenössische Leserschaft, also die Perspektive des historischen Lesers – muß erschlossen werden. Zunächst gilt: Es muß sich um Leser handeln, die nicht so sehr philosophische oder belletristische oder sog. Sachliteratur erwarten[116], sondern in erster

---

[116] Ich vereinfache hier bewußt, weil ich den sog. *ordinary reader* im Blick habe.

Linie an religiöser Literatur interessiert sind. Sie wollen religiöse Bücher[117] lesen. In der Apostelgeschichte können sie das multireligiöse Panorama ihrer Zeit finden, dargestellt anhand episodischer Begebenheiten aus der Missionsarbeit der großen Apostel und großer Apostel-Reden, lokalisiert im gesamten Osten des Reiches von Jerusalem bis Athen und schließlich bis Rom. Das Buch liest sich einfach, es ist unterhaltend und abwechslungsreich. Der Leser wird zu einfachen Leuten und vor Könige geführt. Die Helden laden zur Identifikation ein.

Nun ist dies Buch deswegen aber nicht harmlos, und auch die Seefahrtskapitel wollen nicht nur unterhalten. Das Buch stellt einen doppelten Anspruch an die Leserschaft. Erstens müssen die Leser die Septuaginta soweit kennen, daß sie mit der Eingangspassage aus dem Propheten Joel etwas anfangen und den Hinweisen auf die Septuaginta als Verweisbuch folgen können, die als ein tragendes Gerüst das Buch bis zu seinem Ende durchziehen. Die Leser müssen also in dem Sinn literarisch geschult sein, daß sie die umfangreiche und heterogene Schriftensammlung der Septuaginta lesen und die Texte kennen. Zweitens kennen sie wahrscheinlich das Lukasevangelium, wenn auch die altkirchlichen Handschriften niemals das Evangelium und die Apostelgeschichte gemeinsam überliefern. Drittens müssen sie die Heilsbotschaft, die die Apostel in ihren Reden von Kapitel 2 bis 28 verkünden, ertragen und sich unter Umständen in ein Verhältnis dazu setzen – und zwar eine Heilsbotschaft, die zugleich Unheilsbotschaft für die ist, die sie nicht annehmen.

Sind die Leser reine Heiden, wird ihnen eine solch ungewohnte Lektüre schwer fallen. Allerdings könnten sie die Verheißung an die „Heiden" in 28,28 – falls sie bis zum Ende lesen – ja als Einladung verstehen. Aber: Könnten sie 28,28 ohne jüdisch-hellenistische sprachliche Sozialisation überhaupt verstehen? Würden nicht-jüdische Leser sich in dem Wort ἔϑνη wiederfinden? Griechen und Griechisch sprechende Römer würden bei ἔϑνη doch an die Bewohner der Provinzen denken, vielleicht auch an Fremdvölker oder

---

[117] Bücher: Der Plural erklärt sich (1.) aus Apg 1,1, (2.) aus der Art und Weise, wie die Septuaginta zitiert wird. Die Leser der Apg sind Septuagintaleser (s. u.).

„Barbaren", nicht aber an *sich selbst*. Und jüdische Leser? Spätestens nach der Lektüre der Stephanuserzählung (7,54) war auch für einen pharisäischen Juden eine zustimmende Lektüre ausgeschlossen, während sich die ersten Kapitel noch pharisäerfreundlich gaben und einer jüdischen Lektüre aus pharisäischer Perspektive nichts im Wege stand[118]. Erwägt man diese Schwierigkeiten, d. h. die Hürden, die der Autor vor seinen Lesern aufbaut, dann bleiben nur zwei Lesergruppen übrig, die sich potentiell zustimmend und erfolgreich der Lektüre dieses Buches widmen können: Christen und jene religiös interessierten und ambitionierten Nicht-Juden, die – paganer Herkunft – nicht zum Judentum übergetreten waren, ihr Heil aber seit geraumer Zeit im religiös-kulturellen Umfeld des Judentums, und das heißt in einem monotheistisch-ethischen Milieu suchten. Es waren Menschen mit einer gewissen religiösen Bildung und einem hohen religiösen Individualanspruch, Menschen, die sich ethische Forderungen stellen ließen, die ein heiliges Buch – die Septuaginta – als normatives Buch lasen, die religiöse Kraft suchten und fanden und die die große Perspektive der Apostelgeschichte, die jüdische Auferstehungshoffnung, hatten. Diese Gruppe heißt in der Apostelgeschichte σεβόμενοι[119].

---

[118] Das gilt trotz 5,33 (Todesbeschluß des Synhedriums): Der Pharisäer Gamaliel schützt die Apostel (5,34–42). Die stets wieder hergestellte Verbindung zu den Pharisäern – in Kap. 22ff. durch Paulus in seinen großen Reden – integriert nicht mehr mögliche Leser, sondern dient erzählerisch dazu, der römischen Macht deutlich zu machen, daß Paulus nicht religionslos oder aber politisch gefährlich sei, sondern einer jüdischen αἵρεσις angehöre und daher im geschützten Rahmen des Judentums agiere – allerdings friedlicher und besser als die Juden selbst, mit anderen Worten: daß er selbst der „bessere" Jude sei.

[119] Vgl. dazu jetzt S. Mitchell, Wer waren die Gottesfürchtigen?, Chiron 28, 1998, 55ff., zur lukanischen Nomenklatur. Mitchells These, die Gottesfürchtigen seien mit den Verehrern des Theos Hypsistos identisch, kann hier nicht erörtert werden. M. Stein, Die Verehrung des Theos Hypsistos (s. o. Anm. 32), bleibt bei der Unterscheidung von „Inschriften paganer und solchen jüdischer Provenienz sowie denjenigen, die von einer Verbindung beider Bestandteile zeugen" (S. 125).

Leser werden durch *Identifikationsgestalten* in die Lektüre
hineingenommen[120]. Die Identifikationsgestalten der Apostelgeschichte abgesehen von den Aposteln sind Gestalten
dieses Bereichs „zwischen den Religionen": der Äthiopier in
Kap. 8, dessen Zugehörigkeit zum Judentum unausgespro-
chen bleibt, und der Centurio Cornelius in Kap. 10, der explizit als Gottesfürchtiger bezeichnet wird (10,2). Diese
wichtige Gruppe der Sympathisanten und Gottesfürchtigen
stellt die Leserschaft des Buches. Sie suchen den Gott Israels, aber nicht mehr die Synagoge. Der Autor nimmt sie in
den Weg des Zeugnisses von Jesus hinein und führt sie nach
Rom – wo sie vielleicht wohnen. Auf jeden Fall sind die Leser Menschen mit einem Sinn für eine oikumenische Perspektive, bewandert in Geographie und Länderkunde.

Und wir können noch etwas über die Leserschaft sagen,
die der Autor anspricht. Aus der Sicht des Verfassers kennen die Leser – ob Christen oder Nichtchristen – das Lukasevangelium, sein erstes Buch. Denn der Verfasser führt weder Jesus noch die Apostel noch Johannes den Täufer eigens
ein. Ganz im Gegensatz zum Lukasevangelium mit seinen
sorgfältigen Einführungen von Personen ist die Apostelgeschichte in dieser Hinsicht das Buch einer literarischen *insi-
der group*, die nach der Lektüre des Jesusbuchs ein weiteres
Buch ihres Autors lesen will oder aber, durch die Lektüre
der Apostelgeschichte angeregt, sogleich zu dem „ersten
Buch" greift.

---

[120] Vgl. dazu zuletzt B. ALAND u. a. (Hg.), Literarische Konstituie-
rung von Identifikationsfiguren in der Antike, Studien und Texte zu
Antike und Christentum 16, 2003. Vgl. auch M. HENGEL, Überlegungen zu einer Geschichte des frühesten Christentums im ersten und
zweiten Jahrhundert, in: C. AUFFAHRT und J. RÜPKE (Hg.), Ἐπιτομὴ
τῆς οἰκουμένης. Studien zur römischen Religion in Antike und Neu-
zeit, 2002, 139–171: 163: „Die Widmung an Theophilos, sicher ein An-
gehöriger der Oberschicht, ist meines Erachtens ein Schlüssel zum
Verständnis des Doppelwerks. Der Centurio Cornelius, die Purpur-
händlerin Lydia und der Statthalter Zyperns Sergius Paulus besitzen
als ‚Gottesfürchtige' paradigmatische Bedeutung für ihn".

## 4.3 Interpretationsperspektive

Die Interpretationsperspektive soll nun die Autoren- und die Leserperspektive verfremden und in einen Theorierahmen stellen, der beide Perspektiven einem gegenwärtigen Verstehen zuführt. Als Theorierahmen bietet sich bei dieser Thematik die religionssoziologische Beschreibung an.

Der Verfasser der Apostelgeschichte beschreibt ein lebendiges religiöses Panorama, das an bestimmten Punkten – so für Ephesus – wesentliche historische Plausibilität für das Ende des ersten Jahrhunderts erreicht. Er beschreibt die beiden ersten Generationen des Urchristentums aus seiner eigenen religiösen Perspektive, der Zeit der dritten Generation. Seine Bevorzugung der nicht-offiziellen Religionsformen entspricht seiner Wahrnehmung der religiösen Szene seiner Zeit. Nun zeichnet er aber dies – öfter durchaus unterhaltende und mit komischen Effekten ausgestattete – multireligiöse Panorama nicht zum Zweck literarischer Unterhaltung oder eines multireligiösen Appells oder im Sinne einer polytheistischen, tendenziell henotheistisch tendierenden Gruppenbildung[121], sondern sein Appell ist eindeutig exkludierend. In dem Streit der konkurrierenden Religionen und religiös agierenden Personen, die weitgehend mit denselben religiösen Mitteln arbeiten, weitgehend identische religiöse Vorstellungen teilen, eine gemeinsame religiöse Sprache sprechen und für Außenstehende kaum von einander zu unterscheiden sind, ruft die Apostelgeschichte zur Identifikation des Lesers mit einer bestimmten Gruppierung auf. In der Gruppe der Christen gibt es keinen religiösen Pluralismus, keine unscharfen Ränder, keine Sympathisanten wie im Umfeld der jüdischen Synagogen. Im Gegenteil: Die Apostelgeschichte ist genau darauf bedacht, Unklarheiten wie die über das Verhältnis von Johannestaufe und Aposteltaufe und von Magiern wie Simon und den Aposteln als den wahren Geistträgern zu klären. Jemand wie Apollos – als religiöser enthusiastischer Gratwanderer zwischen alexandrinischem Judentum, Johannesjüngerschaft und Christentum beschrieben und als solcher ebenfalls eine

---

[121] So die Gruppe um den Hausbesitzer Dionysos des Kultheiligtums in Philadelphia in Lydien, s. o. Anm. 36.

mögliche Identifikationsgestalt – muß von Aquila und Pris-
zilla genauer im „Weg Gottes" unterwiesen werden (18,26).
Die christliche Taufe, die den Geist Jesu als den Geist der
Endzeit auf die Getauften überträgt, markiert seit dem
Äthiopier die Schwelle zwischen „Interessenten" und „religiös Bewegten" einerseits und „Christen" andererseits. Gerade das Diffuse des religiösen Milieus dient dem Verfasser
dazu, das Profil der christlichen Gemeinschaft zu schärfen.
Der gesamte λόγος τοῦ θεοῦ, die Missionspredigt, zielt auf
diese Differenz, auf Trennungsschärfe und Exklusivität der
religiösen Gruppierung der Christen.

Worin aber besteht die Differenz? Im Monotheismus gegenüber dem polytheistisch-henotheistischen Umfeld? Sicher nicht. Denn den Monotheismus teilt das Christentum
mit dem Judentum, ein Umstand, der in allen Reden der
Apostel immer wieder breit entfaltet wird. *Nicht der Monotheismus kann die Größe sein, die die christliche Gruppe,
für die die Apostelgeschichte und ihr Autor stehen, definiert. Es
ist vielmehr ein bestimmtes Verständnis des Gottes Israels, das
gleichzeitig identitätsbildend und differenzbildend wirkt: Der
Gott Israels hat sich nach diesem Verständnis endgültig an Jesus von Nazareth gebunden* (Lk 1,35; Apg 9,5). Er hat diesen
Jesus auferweckt, damit die Endzeit eingeleitet, den Geist
gegeben und die Heiden in diese Geistzeit hineingenommen, die die Apostel der gesamten Oikumene verkünden.
So hängen die beiden Bücher des Verfassers zusammen:
sein *Jesus-Buch* und sein *Geist-Buch*[122]. Die religiöse Gruppe
der Christen kennt diesen endzeitlichen Offenbarungs- und
Rettungsprozeß Gottes in Jesus von Nazareth, der zur
Geistverleihung an alle diejenigen führt, die die apostolische
Missionspredigt hören, „umkehren"[123] und sich mit dem
einfachen Identitätszeichen der Taufe in die endzeitliche
Jesus-Geist-Gemeinschaft hineinstellen. Diese Gruppe lebt
zeitgemäß, und das heißt: endzeitgemäß. Zugleich lebt sie

---

[122] Dabei denke ich nicht an eine latent trinitarische Struktur. Vielmehr gehören für den Verfasser des lukanischen Doppelwerkes Gott,
Jesus und der Geist stets im alttestamentlichen, messianisch-eschato-
logischen Sinn zusammen.

[123] μετάνοια und μετανοεῖν sind wichtige Termini technici der lukanischen Missionssprache.

ganz und gar schriftgemäß, da die Schrift Jesus und die Geist-Endzeit angekündigt hat.

Nicht der Monotheismus als solcher ist also das Identitätskriterium des Christentums, das die Apostelgeschichte dokumentiert, auch nicht die Aufweichung dieses Monotheismus, sondern eine bestimmte *Interpretation* jenes Einen Gottes Israels, um den Juden und Christen zur Zeit des Verfassers der Apostelgeschichte streiten. Es ist jene Interpretation, die den Gott Israels als den Gott der Oikumene und ihre eigene Epoche seit Jesus von Nazareth als die Geist-Endzeit definiert. Diese Auseinandersetzung ist zugleich eine Auseinandersetzung um die richtige Interpretation der Schrift Israels.

Aus der Interpretenperspektive stellt sich das Christentum der Apostelgeschichte damit als enthusiastisch-messianisch-eschatologische αἵρεσις des monotheistischen griechischsprachigen frühkaiserzeitlichen Judentums dar, als eine Gruppe, die sich selbst bereits als ausschließliche, einzige Religion versteht, da sie allein zeitgemäß-endzeitgemäß lebt. Folgen wir dem Verfasser, dann handelt es sich also aus jüdischer Perspektive um eine potentielle oder aktuelle Hairesis. Die historische Perspektive des zeitgenössischen Judentums kennen wir nicht. Aus paganer und vor allem aus staatlicher Sicht kann die christliche Gruppe nur sehr bedingt vom Judentum einerseits und jenem großen, staatlicherseits eher mißtrauisch beobachteten Bereich nichtstaatlicher und nichtstädtischer Religion andererseits unterschieden werden, der in der Apostelgeschichte so ausführlich dargestellt wird. Diese Ununterscheidbarkeit, überhaupt die Hilflosigkeit der römischen Regierung gegenüber dem Christentum, die Lukas diagnostiziert und bekämpfen will, macht er literarisch sehr gelungen in einem kleinen Erzählzug deutlich, wenn er Festus auf die letzte große apologetische Rede des Paulus vor König Agrippa und Festus reagieren läßt: μαίνῃ, Παῦλε· τὰ πολλά σε γράμματα εἰς μανίαν περιτρέπει (26,24). Mania als religiöse Verzückung: so versteht der Statthalter die Rede des Paulus. Für ihn bleibt sie in der diffusen Zone der „Religion". Er vermag nicht zwischen Erscheinungsformen paganer Religion, Judentum und Christentum zu unterscheiden. Eben das will der Verfasser darstellen. Zugleich macht er damit deutlich, daß diese

Unterscheidbarkeit notwendig ist. Sein zweites Buch leistet
dazu einen entscheidenden Beitrag. Denn auf eine solche
Unterscheidbarkeit arbeitet die Apostelgeschichte hin. Sie
verkündet nicht heidnischen Lesern einen monotheistisch
verstandenen Gott, denn sie setzt den Monotheismus Israels
voraus, ohne ihn begründen zu müssen. Und auch den Juden gegenüber muß die Apostelgeschichte nicht etwa nachweisen, daß sie – trotz des Glaubens an den auferstandenen
Jesus – weiterhin monotheistisch ist. Diese Frage steht gar
nicht zur Diskussion, da Jesu Auferweckung und Erhöhung
sich im Sinne der Schrifterfüllung ereignen (Lk 24,26) und
in den ebenfalls von der Schrift vorhergesagten Bereich des
endzeitlichen Geistwirkens gehören. Sie verkündet im Sinne
der Unterscheidbarkeit vielmehr jenen monotheistischen
Gott, dessen λόγος alle Heiden zur Umkehr und zur Gemeinde Jesu ruft. Daß Lukas – wie die anderen Evangelisten
– „die Grenzen eines strengen jüdischen Monotheismus"
überschritten habe, wie Gerd Theißen meint[124], halte ich für
keine glückliche Formulierung. Der Monotheismus ist sach-
lich durchaus gewahrt, und auf Jesus werden nur alttestamentliche Erwartungen übertragen. Der monotheistisch ver-
standene Gott Israels hat sich an Jesus von Nazareth
gebunden – und das ist aus der Sicht des Verfassers nicht
nur schriftgemäß, sondern die Erfüllung der Intention der
Schrift. Zugleich ist es ein eschatologisches Phänomen, nicht
eine Veränderung des Gottesverständnisses.

Sowohl das Jesusbuch als auch das Geistbuch des Verfassers bleiben also für die *Autorenperspektive* gerade Verkündigung des Wirkens des Gottes Israels. Für die *Leserperspektive* ergibt sich eine Scheidung. Die zustimmenden Leser
verlassen die Synagoge und ihren Umkreis und werden
„Christen", sofern sie es nicht bereits sind. Die *Interpretenperspektive* beschreibt die Veränderung, die vom jüdischen
Monotheismus zum urchristlichen Jesus-Monotheismus der
Apostelgeschichte führt.

---

[124] G. Theissen, Die Religion der ersten Christen, 2000, 247.

Gerhard Sellin

# Monotheismus im Epheserbrief – jenseits von Theokratie und Ekklesiokratie

## I. Umstrittener Monotheismus

Unter den drei großen monotheistischen Religionen (Judentum – Christentum – Islam) ist die mittlere (das Christentum) in letzter Zeit zunehmend dem Vorwurf der Verletzung des monotheistischen Prinzips ausgesetzt worden. So äußerte 1961 Schalom Ben Chorin:

> „Israel bekannte und bekennt – und solange ein Jude noch Atem hat, wird er bekennen: ‚Höre, Israel, der Herr, unser Gott, ist Einer.' Wie sollte da der Sohn mit dem Vater in diese Einheit gesetzt und sogar noch durch eine dritte Person, den Heiligen Geist, komplettiert werden? Das ist [...] eine Vorstellung, die das hebräische Glaubensdenken nicht vollziehen kann und nicht vollziehen will, denn die wahre Einzighaftigkeit und Einheit Gottes, das unantastbare *áchad*, würde dadurch in einem für uns unvorstellbaren Sakrileg verletzt ..."[1]

Analog ist die Einschätzung auf muslimischer Seite (Sure 5,73: „Es gibt keinen Gott außer einem einzigen Gott").

Umgekehrt gibt es in der abendländischen Tradition eine Kritik des Monotheismus und ein entsprechendes Lob des Polytheismus, der – so Friedrich Nietzsche – menschliche Freiheit und Schöpferkraft fördere.[2] In jüngster Zeit wird der Monotheismus als Wurzel des Totalitarismus verdäch-

---

[1] Im Sonntagsblatt vom 15.1.1961 – zitiert von KLAPPERT 54.

[2] Die fröhliche Wissenschaft, Nr. 143: „Der Monotheismus [...] war vielleicht die grösste Gefahr der bisherigen Menschheit [...] Im Polytheismus lag die Freigeisterei und Vielgeisterei des Menschen vorgebildet: die Kraft, sich neue und eigene Augen zu schaffen und immer wieder neue und noch eigenere: sodass es für den Menschen allein unter allen Thieren keine ewigen Horizonte und Perspectiven giebt." (KSA 3, 490f.)

tigt und verschmäht. Johann Baptist Metz faßte 1988 die
antimonotheistischen bzw. polytheistischen Tendenzen der
gegenwärtigen Kulturkritik folgendermaßen zusammen: Der
Monotheismus gelte heute bei vielen

„als Pate eines vordemokratischen, gewaltenteilungsfeindlichen Sou-
veränitätsdenkens, als Vater eines obsoleten Patriarchalismus, als
Ursprungs- und Vorhutsgedanke totalitätsverdächtiger Geschichts-
ideologien, als individualitätsgefährdende Großerzählung, die alle un-
schuldige Buntheit, alle umständliche Zerstreutheit und Vielheit des
Lebens absorbiert und unter ein politisch-kulturell gefährliches Einheitsdenken zwingt.“[3]

Eine Tendenz in diese Richtung läßt sich auch aus Jan Ass-
manns Buch „Moses der Ägypter" herauslesen.[4] Auftrieb
hat die Kritik des Monotheismus zuletzt im Zusammenhang
der Kritik islamistischen Terrorismus' erfahren, wobei die
theokratischen Züge auch der jüdischen und der christlichen
(besonders der katholischen) Tradition ins Visier gerieten.
Inzwischen ist der Polytheismus bzw. der Anti-Monotheismus nahezu ein postmodernes Kulturphänomen geworden. Die Schriftsteller Martin Walser, Peter Handke und
Michel Houellebecq machen die monotheistischen Religionen verantwortlich für den Kapitalismus und den Terrorismus zugleich. Walser tendiert dabei zu einem Antijudais-
mus, Handke und Houellebecq klagen je auf ihre Weise den
Ikonoklasmus des Islam und des kapitalistischen Westens
an. Ein Zitat aus einem der Romane Houellebecqs könnte
thematisch von Assmann inspiriert sein. Dort sagt ein
Ägypter: „Je mehr sich eine Religion dem Monotheismus
nähert, um so unmenschlicher und grausamer ist sie [...] Ein
einziger Gott! [...] Wieviel tiefsinniger, menschlicher und
weiser unsere ägyptische Religion war!"[5]
   Die christliche Theologie steht in dieser Lage in einer
doppelten Front: gegen jüdische und muslimische Vorwürfe,
sie sei polytheistisch, und gegen den Ideologieverdacht von

---

[3] METZ 187. METZ hatte dabei u. a. den Vortrag von MARQUARD im
Visier.
   [4] ASSMANN, bes. 250ff. Vgl. dazu die Rezension von K. KOCH und
die kritischen Ausführungen von WERBICK 152ff.
   [5] Zitiert von THOMAS ASSHEUER in der ZEIT vom 18. Juli 2002.

Seiten moderner Antitotalitaristen. In dieser Situation legt sich eine Position nahe, in welcher die Alternative auf eine transzendierende Ebene verschoben wird. So räumt der Religionswissenschaftler Fritz Stolz ein: „Jedenfalls hat der Islam mit seinem Vorwurf, das Christentum habe keinen reinen Monotheismus, nicht unrecht, es handelt sich hier keineswegs nur um grobe Mißverständnisse der Trinitätslehre. Aber ob Monotheismus wirklich das höchste Gut ist, ist ja nicht ausgemacht."[6] Es gibt verschiedene Versuche, die Alternative zu überwinden.

## Zum Vorwurf des Totalitarismus

1935 hat Erik Peterson zu zeigen versucht, daß der jüdische Monotheismus in Verbindung mit dem Einheitsdenken der antiken Ontologie zu einer politischen Ideologie geriet, die erst durch das trinitarische Dogma zur Zeit der Kappadokier im 4. Jh. grundsätzlich in Frage gestellt worden sei. Der trinitätstheologische Einheitsbegriff habe den „Monotheismus als politisches Problem theologisch erledigt".[7] Das ist eine Position jenseits von Monotheismus und Polytheismus. Die trinitarische Struktur der *Monas* mache jede innerweltliche Monarchia, jede politische Theologie unmöglich, weil es zu ihr unter Menschen keine Entsprechung gebe. – Petersons These mag zutreffen, doch ist es nicht erst die altkirchliche Trinitätslehre, die den Gottesbegriff vor Totalitarismus schützt. Ein solcher Schutz ist vielmehr bereits dadurch gewährt, daß der Monotheismus durch eine „negative Theologie"[8] geprägt ist – und zwar auf jüdischer wie auf christlicher Seite.

---

[6] Stolz, Monotheismus in Israel 184.

[7] Peterson 103; dazu vgl. Nichtweiss 763–830 und den von Schindler herausgegebenen Band.

[8] Das Adjektiv „negativ" hat dabei keine negative Wertung. Gemeint ist damit, daß von Gott keine beschreibenden Aussagen gemacht werden können. Von Gott „können wir nur sagen, was er nicht ist; was er aber ist, können wir nicht sagen" – so hat der spätantike Philosoph Plotin es ausgedrückt. Gott selbst wird damit nicht verneint. Aber es können ihm nur negative Prädikate beigelegt werden: Er ist „*un*-endlich", „*un*-begrenzt", „*un*-sagbar" usw. Denn jede „positive" Aussa-

## Zum Vorwurf des Polytheismus

Nun ist die Trinitätslehre letztlich zurückzuführen auf das im Judentum auftauchende Problem, bei der zunehmenden Transzendierung des Gottesbildes, das auf eine „negative Theologie" tendiert, die Vorstellung eines Wirkens Gottes auf die Welt zu bewahren. Der „Geist" Gottes und die „Weisheit" werden schon im Alten Testament als Gottes Übertragungs- und Mittlerkräfte verstanden. Die „Weisheit" wird bereits im jüngeren Teil des Proverbienbuches zu einer von Gott in der Vorzeit geschaffenen personalen Größe (Spr 8,22ff.), die dann in Weish 7,25–27 ein „Hauch der Kraft Gottes"[9], „der ungetrübte Spiegel des Wirkens (ἐν-έργεια) Gottes" und das „Bild seiner Gutheit" (εἰκὼν τῆς ἀγαθότητος αὐτοῦ) genannt wird. Ihr wird schließlich das Prädikat der „Einsheit" beigelegt: μία δὲ οὖσα πάντα δύναται („Eines seiend vermag sie alles"). Ja, es heißt sogar: „ohne sich zu ändern, erneuert sie alles". Sie ist eine verselbständigte, dynamische Eigenschaft Gottes, aber kein Geschöpf (wie noch in Spr 8). Der Abschnitt in Weish 7 setzt platonische, peripatetische und stoische Philosophumena voraus, eine Verbindung, wie sie im Mittelplatonismus Alexandrias anzutreffen war. Von Platon (Timaios 29e) stammt das Gottesprädikat ἀγαθός („gut" im Sinne von „vollkommen"), das dann wie hier in Weish 7 auch bei Philon als Substantiv ἀγαθότης erscheint. Wie hier die Weisheit ist bei Philon der *Logos* Abbild von Gottes „Vollkommenheit" (so wird man ἀγαθότης bei Philon zu übersetzen haben – nicht mit „Güte" im Sinne emotionaler Zuneigung). δύναμις und ἐνέργεια hängen eher mit der aristotelischen Vorstellung vom „unbewegten Beweger" zusammen. Bei Philon ist die δύναμις der Oberbegriff für jede Wirkweise Gottes. Sie ist identisch mit dem *Logos*, der alle δυνάμεις (die Einzelkräfte) umfaßt. Bei Paulus ist Christus die δύναμις und σοφία Gottes (1Kor 1,24). δύναμις ist der wirkende (schöpferische und herrscherliche) Aspekt Gottes. Nach Röm 1,16 ist die Wirk*weise* Gottes das *Evangelium*.

---

ge würde ihn ja verendlichen und begrenzen und damit seine Transzendenz bestreiten.

[9] ἀτμὶς ... τῆς τοῦ θεοῦ δυνάμεως.

Man könnte sagen: Evangelium als δύναμις ist die Übertragung der ἀγαθότης von Gott auf die Menschen und die Welt.

Für das Judentum der Zeit zwischen 100 v. und 100 n. Chr. läßt sich zunächst konstatieren: a.) Gott kann nicht in seiner Aseität gedacht werden – und b.) Die Weisheit oder der Logos sind keine Geschöpfe Gottes, sondern immer schon zum (unerkennbaren) Wesen Gottes gehörende Aspekte (die erkennbare Seite Gottes annähernd im Sinne des *Deus revelatus*). Die spätere sich von da herleitende Logos-Christologie läuft insofern nicht zwingend auf einen Arianismus hinaus.

Im Judentum kann es bei dieser aspekthaften Dualität Gottes bleiben, denn der *Geist* Gottes ist im Prinzip mit der Weisheit bzw. mit dem dynamischen Aspekt Gottes identisch. Auch das Neue Testament kennt noch keine reflektierte Trinität (auch wenn an einigen Stellen Gott bzw. „Vater", Christus bzw. „Sohn", und Heiliger Geist eine Triade bilden). Da jedoch der Logos sich ganz mit einem Menschen verbunden hat, wird implizit die Unterscheidung von Logos und Pneuma notwendig. Der Geist geht dann letztlich sowohl von Gott wie von Christus aus. Das heißt: Die Trinitätslehre kann nicht als Verletzung des Monotheismus gelten. Ein solcher Vorwurf von jüdischer Seite würde die jüdische Religion zugleich selber treffen, da auch sie implizit Mittlergrößen und Hypostasen Gottes einführen mußte (neben *Weisheit* und *Logos* die *Sch^e kina*, den *Namen*, die *Memra* u. a.). Denn Ab- und Anwesenheit Gottes mußten zugleich ausgesagt werden.

## Zur Entstehung des Monotheismus

Ein weitgehender Konsens unter den Alttestamentlern besteht darin, daß von Monotheismus im Judentum erst seit der Exilszeit die Rede sein kann (vor allem dann bei Deuterojesaja). Das *Sch^e ma* (Dtn 6,4) ist lediglich monolatrisch. „Der biblische M[onotheismus] ist ein Spätprodukt und steht nicht am Anfang, sondern am Ende der israelitisch-jüdischen Religionsgeschichte."[10] Eine Abhängigkeit vom

---

[10] LANG, HRWG IV, 161; vgl. auch STOLZ, Einführung, bes. 163ff.

Monotheismus Echnatons (14. Jh. v. Chr.) wird überwiegend bestritten.[11] Im hellenistischen Judentum verbindet sich der frühjüdische Monotheismus mit der griechischen Ontologie. Dtn 6,4 wird nun selbstverständlich monotheistisch verstanden (und so auch im Neuen Testament verwendet: Mk 12,29; vgl. Jak 2,19).

Die griechische Onto-Theologie im Anschluß an Platon wurde im alexandrinischen Mittelplatonismus dann noch einmal radikalisiert. Es gab aus platonisch-pythagoreischer Tradition eine dualistische Prinzipienreihe, in welcher gegensätzliche Prinzipien einander gegenübergestellt wurden:

| *Monas* (Einheit) | *Dyas* (unbegrenzte Vielheit) |
|---|---|
| (*positive Reihe*) | (*negative Reihe*)[12] |
| | |
| Grenze | Unbegrenztes |
| Ungeradzahliges | Geradzahliges |
| Eines | Vielheit |
| Rechtes | Linkes |
| Männliches | Weibliches |
| Ruhendes | Bewegtes |
| Gerades | Krummes |
| Licht | Finsternis |
| Gutes | Böses |
| Gleichseitiges (Viereck) | Ungleichseitiges (Viereck) |

Die positive Reihe wird angeführt durch die „Eins" (μονάς) – die negative durch die „Zwei" (δυάς). „Gott" und „Geist" gehören auf die Seite der Eins. Die Eins ist Symbol des Seins, des Göttlichen; die Zwei ist das Symbol der teilbaren Materie, des Endlichen, des Vergänglichen, des Körpers, des Werdens (im Gegensatz zum Sein). Zur positiven Reihe gehören u. a. das Gute, das Rechte, das Ruhende, das Männliche usw. – zur negativen das Böse, das Linke, das Bewegte, das Weibliche.[13] Durch den alexandrinischen Mittelplatoniker Eudoros ist dieser Dualismus von Eins und Zwei, von Einheit (Identität) und Zweiheit (Differenz) überhöht worden durch das Postulat einer noch höheren

---

[11] LANG ebd.; H. P. MÜLLER 1461 (gegen ASSMANN).

[12] Im Unterschied zur „negativen Theologie" (s. o. Anm. 8) ist „negativ" hier wertend gemeint.

[13] Aristoteles, Metaphysik 986a; vgl. DÖRRIE/BALTES 110ff. 377ff.

Einheit (τὸ ἕν), die sowohl die *Monas* wie auch die *Dyas*
umfaßt:

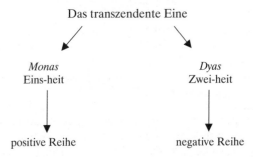

Das transzendente Eine

*Monas*                                    *Dyas*
Eins-heit                                  Zwei-heit

positive Reihe                             negative Reihe

Diese Form der Onto-Theologie setzt Philon von Alexandria voraus, wenn er Gott bezeichnet als das Wesen, das
„noch besser ist als das Gute, ursprünglicher als die Einheit
und reiner als die Eins" (Praem 40).[14]

Dieser transzendente Monotheismus mit seiner „negativen Theologie"[15] enthält ein religionskritisches Potential:
Nach ihm ist Gott für innerweltliche Herrschaftsbegründung
nicht mehr brauchbar. Die römische Reichsideologie, die
heidnische und die spätere christliche, hat denn auch nicht
das Modell von der doppelt transzendenten „Eins-heit"[16] für
ihre Begründung der Reichseinheit aufgegriffen, sondern
lediglich den Gegensatz von Einheit (Frieden, Prinzipat,
Monarchie) und Vielheit (Chaos, Krieg). In der Politik ist
die „Eins" das Symbol des Prinzipates, der *monarchia*, der
*pax Romana*, die „Zwei" das Symbol der *discordia*. Nur unter der *monarchia* gebe es die *pax Romana*.

Der Monotheismus im Neuen Testament

Auf das *Sch^ema* (Dtn 6,4) wird in Mk 12,29 (vgl. Jak 2,19)
zurückgegriffen. In den Parallelstellen zu Mk 12,28–34 (Mt

---

[14] ὁ καὶ ἀγαθοῦ κρεῖττον καὶ μονάδος πρεσβύτερον καὶ ἑνὸς εἰλι-
κρινέστερον (Praem 40; vgl. VitCont 2).

[15] Siehe oben Anm. 8.

[16] Ich gebrauche hier den Begriff „Eins-heit" (im Unterschied zur
„Einheit"), um den Unterschied von dem „Einen" (Gott, Geist, Identität) zu dem „Vereinten" („Einheit") zu markieren.

22,35–40 und Lk 10,25–28) fehlt es jedoch. Explizit monotheistisch ist auch Mk 10,18 ausgerichtet (οὐδεὶς ἀγαθὸς
εἰ μὴ εἷς ὁ θεός).[17] Vor allem das Gottesprädikat ἀγαθός
geht auf die platonische Physik (Timaios 29e) zurück.[18] Das
alles zeigt, daß der explizite Monotheismus schon im MkEv
durch philosophische (wohl über das hellenistische Judentum vermittelte) Theologie beeinflußt ist. Ja, schon bei
Paulus findet sich diese Tradition, und zwar wesentlich pro-
filierter: Röm 3,30; Gal 3,20; 1Kor 8,4–6. Die beiden letzt-
genannten Stellen zeigen nun aber auch, daß diese „Theologie" der „Eins-heit" zugleich die Christologie (1Kor 8,6)
und die Ekklesiologie prägte. Letzteres läßt sich an der Verbindung von Gal 3,20 und 3,28 zeigen: Der *eine* Gott bestimmt den *einen* Kyrios – und beide bestimmen die *eine*
Gemeinde, in der alle Glieder *einen* Leib bilden, den Chri-
stusleib, in den die Verschiedenen hineingetauft wurden.

Das ontologische Denkmuster von „Eins" und „Zwei"
(„Eins-heit" und „Viel-heit") prägte das gesamte ideologi-
sche Bewußtsein der hellenistischen Zeit. Es beherrschte die
Politik in gleicher Weise wie die Metaphysik und die Religion. Die Idee der *pax Romana* war in diesem Sinne mit
dem Kaiserkult gekoppelt: Der Kaiser war das Haupt
(*caput*) und die Seele (*animus*) seines Reichskörpers.[19]
Ein Konkurrenzmodell zu dieser monarchischen Reichsideologie entstand gegen Ende des ersten Jahrhunderts im
Christentum, literarisch faßbar im tritopaulinischen[20] Epheserbrief. Dieses Schreiben enthält die markantesten und
relativ meisten Eins-heits- und Einheitsproklamationen des
Neuen Testaments.[21]

---

[17] Gleichgültig, ob man ὁ θεός als Apposition zu εἷς zieht („außer
einem, nämlich Gott") oder εἷς als Prädikativum zu ὁ θεός („außer
Gott als dem Einen") auffaßt.

[18] Matthäus hat hier ethisch abgewandelt: Der Fragesteller fragt
nach dem ἀγαθόν, dem sittlichen Gut.

[19] Dazu s. FAUST 280ff.

[20] HÜBNER 11.272ff.

[21] εἷς, μία, ἕν: 2,14.15.16.18; 4,4 (3mal); 4,5 (3mal); 4,6.7.16;
5,31.33; ἑνότης: 4,3.13. Absolut gesehen enthält das Johannesevangelium freilich mehr Ein(s)heitsaussagen.

## II. Die theologische Eigenart und Funktion des Monotheismus im Epheserbrief

Das Einheitsmotiv, das sich bereits bei Philon von Alexandria nachweisen läßt[22], begegnet verstärkt im Epheserbrief. Sein Grundthema ist die „Eins-heit" (die Eins-heit Gottes) und die „Einheit" der Kirche. Die philosophische Onto-Theologie hellenistisch-jüdischer Prägung bildet die Basis für den Zusammenhang von Theologie, Christologie, Ekklesiologie und Ethik in diesem Schreiben.

In seinem Buch *Pax Christi et Pax Caesaris* hat Eberhard Faust die Ein(s)heitstheologie des Eph weitgehend auf das alexandrinische Judentum zurückgeführt.[23] Das Buch gipfelt in der These, der Eph sei eine „Kontrafaktur" gegen die römische Reichs- und Friedensideologie. Die Symbole sind auf beiden Seiten die gleichen: Einheit, Frieden, Haupt – Leib. Im Anschluß an Erik Peterson stellt er im letzten Absatz seines Buches die These auf, daß der Monotheismus erst später[24] zu einer politischen Theologie geworden sei, die die Prinzipats- bzw. *monarchia*-Ideologie des Römischen Reiches konsequent übernommen habe. Diese These halte ich für überzeugend. Im folgenden möchte ich u. a. aufzeigen, welche Eigentümlichkeiten die Ein(s)heitstheologie des Eph davor bewahren, mit einer solchen Monotheismus-*monarchia*-Ideologie verwechselt zu werden. Meine These ist: Der Eph vertritt nicht nur keine (direkte) Theokratie, sondern auch keine Ekklesiokratie. Behandelt werden die Abschnitte 4,1–6; 5,1–2 und 1,20–23.

---

[22] Zum Beispiel Conf 41–43.146–148; SpecLeg III 131; weitere Belege bei SELLIN, „Christusmystik" 24–26.

[23] FAUST 19ff.

[24] Er nennt Meliton von Sardes, Origenes, Euseb und Orosius. Nur in indirekter Weise hat Philon dafür Vorarbeit geleistet: vgl. dazu MAYER (besonders seinen Schlußsatz S. 302: „Ist die Rede von Gottes schöpferischer und königlicher Kraft die logische Konsequenz von Philos Lehre der absoluten Unerkennbarkeit Gottes [...], so wird die symbolische Rede von Gott als dem König, Princeps und Herr darum nötig, daß Gott trotzdem dem Menschen in Anspruch und Fürsorge gegenübertreten kann.").

## *(1) Eph 4,1–6*

Dieser Abschnitt leitet den zweiten Hauptteil ein, die mit παρακαλῶ und dem οὖν *paraeneticum* eröffnete Paränese (4,1–6,9).[25] Sie steht ganz unter dem Thema der „Ein(s)-heit". Der Eröffnungsabschnitt 4,1–6 enthält allein sieben Einheitsdeklarationen: *ein* Leib – *ein* Geist – *eine* Hoffnung – *ein* Herr – *ein* Glaube – *eine* Taufe – *ein* Gott.[26] Wenn sich hier (wovon ich ausgehe) keine vorgegebene Einheitsformel im Wortlaut finden läßt, so entsprechen V. 5 und 6 in der Form doch bestimmten im hellenistischen, jüdischen und frühchristlichen Kult gebräuchlichen εἷς-Formeln. Das markanteste Beispiel ist 1Kor 8,6:

|  1Kor 8,6a | Eph 4,6 |
|---|---|
| εἷς θεὸς ὁ πατὴρ | εἷς θεὸς καὶ πατὴρ πάντων |
| ἐξ οὗ τὰ πάντα καὶ ἡμεῖς εἰς αὐτόν | ὁ ἐπὶ πάντων καὶ διὰ πάντων |
| | καὶ ἐν πᾶσιν |

|  1Kor 8,6b | Eph 4,5 |
|---|---|
| καὶ εἷς κύριος Ἰησοῦς Χριστὸς | εἷς κύριος, μία πίστις, |
| δι' οὗ τὰ πάντα καὶ ἡμεῖς δι' αὐτοῦ | ἓν βάπτισμα |

Vier Elemente sind für die Formel konstitutiv: (1) εἷς θεός, (2) (καὶ[27]) (ὁ) πατήρ, (3) τὰ πάντα[28], (4) die Präpositionen (1Kor 8,6: ἐκ – εἰς – διά / Eph 4,6: ἐπί – διά – ἐν).[29] Eph 4,6

---

[25] Es folgt dann eine *peroratio* als rhetorischer Schluß (6,10–20) vor dem Briefschluß 6,21–24.

[26] Wirkungsgeschichtlich hat diese Einheitsparole fatale Nachfolgen gefunden, z. B. „ein Volk, ein Reich, ein Führer".

[27] Das καί ist explikativ.

[28] Oder in Eph 4,6 vielleicht: οἱ πάντες (s. aber unten Anm. 30).

[29] Die Präpositionstriaden bilden allerdings zwei ganz unterschiedliche Reihen – 1Kor 8,6: Gott als Ursprung (ἐκ) und als Ziel (εἰς), Christus (wie der Logos) als Schöpfungs- und Erlösungsmittler (διά mit Genitiv); Eph 4,6: ganz lokal, nur von Gott (Gott „über allem", „durch alles [hindurchgehend]", „in allem"). Die Präpositionen in Eph 4,6 beziehen sich also auf die Allheit Gottes, seine Transzendenz und Immanenz zugleich. Es gibt zwei Vorbilder für *diese* Theologie der Präpositionen: Mark Aurel VII 9,2 und Diogenes von Apollonia, Frgm. 5,1–6 (DIELS/KRANZ II, p. 61):

ist für sich genommen (d. h. ohne Rücksicht auf Eph 4,5 und 1Kor 8,6b) ein vollkommenes Beispiel für einen konsequenten Monotheismus: Gott ist einer, aus ihm kommt alles, er ist in allem und über allem und darum zugleich transzendent und in der Welt präsent. Das Prädikat „Vater von allem" impliziert die Schöpferfunktion.[30] Das εἷς κύριος geht demgegenüber beinahe unter. Das christologische Prinzip, das dem monarchianischen Zentralismus in die Quere kommt, findet sich aber deutlich genug in den Versen 1–3. Es sind die Tugenden des Herrschaftsverzichts: Demut, Verzicht auf Selbstbehauptung, Langmut und vor allem das Ertragen der „Anderen" (die „meine" monarchische Selbstbehauptung stören) „in Liebe".[31] Diese Ethik unterminiert jede Hierarchie, ganz besonders die sich auf göttliche Autorität berufende. Die Einheit besteht vielmehr durch das „Band des Friedens" (4,3) und in der Liebe (5,1–2).

|  Mark Aurel | Diogenes |
| --- | --- |
| „Es gibt nämlich nur *einen* Kosmos, der *aus allem* besteht, und nur *einen Gott*, der *durch alles hindurch*west, und nur *eine* Substanz und nur *ein* Gesetz, nur *einen* allen denkenden Wesen gemeinsamen Logos, nur *eine* Wahrheit, wie auch nur *eine* Vollkommenheit der Lebewesen gleicher Abstammung, die an demselben Logos teilhaben." | „Und mir scheint das, was Denkfähigkeit hat, das zu sein, was von den Menschen *die Luft* genannt wird; und von diesem werden alle gelenkt, und es herrscht über alle. Mir scheint nämlich dieses *Gott* zu sein und *über allem* zu stehen und *alles durch*zuordnen und *in allem darin* zu sein. Und es gibt nicht eins, das nicht an ihm Anteil hat." |

Zu Mark Aurel: DIBELIUS 14–29; zu Diogenes von Apollonia: PÖHLMANN 55f.

[30] Der Genitiv (πατὴρ) πάντων scheint mir deshalb im Sinne des Neutrums τὰ πάντα zu deuten zu sein. Zwar wird in Mal 2,10 das „Vater"-Prädikat auf die Mitglieder des Volkes bezogen, was der Tendenz des Eph, die kosmische Theologie auf die Menschen-Einheit (Juden und Heiden) zu beziehen, entsprechen würde. Aber man sollte davon ausgehen, daß die drei präpositionalen Angaben homogen sind. Dann würde das διὰ πάντων der maskulinischen Interpretation nicht entsprechen und herausfallen.

[31] Vgl. dazu WENGST; GUTTENBERGER ORTWEIN; THEISSEN 112ff.

*(2) Eph 5,1–2*

„Liebe" ist eins der zentralen Theologumena des Eph.[32] Der
Grund der Liebe ist in der theologischen Ontologie gegeben: Das Wesen Gottes ist Liebe. Diese Liebe ist seinen Ge-
schöpfen (die selber nur aufgrund seiner Gnade und Liebe
existieren) vorgegeben. Weil Gott seine Geschöpfe liebt,
können diese lieben. Nichts anderes besagt die Aufforderung zur *imitatio dei*, die auch für die frühen Christen derart
kühn ist, daß sie im Neuen Testament nur zweimal ausgesprochen wird: Mt 5,43–48 und Eph 5,1–2. Kann der Mensch
überhaupt Gott imitieren? Wäre das nicht die Versuchung
der Schlange im Paradies: *eritis sicut deus* („ihr werdet sein
wie Gott": Gen 3,5)? Paulus (der Autor der genuinen Pau-
lusbriefe) vermeidet als guter Jude die Aufforderung zur
*imitatio dei*[33]. Stattdessen spricht er von der *imitatio Christi*
und fordert zur Nachahmung seiner selbst (als Beispiel)
auf.[34] Implizit setzt das eine Abbildkette voraus: Gott –
Christus – der Apostel – die Gemeinde. Diese Kette ist jedoch keine appellative, sondern eine ontische – man könnte
fast sagen: familiäre. Sie ist wiederum jedoch nicht durch die
Natur programmiert, sondern – im Bild – durch Adoption
(Röm 9,4; 8,15.23; vgl. Eph 1,5) bzw. – beim Apostel – durch
Berufung. Im Hintergrund steht die Metapher des Prägens,
die Philon von Alexandria gebraucht. Der Stempel (τύπος,
ἀρχέτυπος, παράδειγμα) prägt einen Abdruck (μίμημα).[35]
Es ist also nicht das menschliche *Streben*[36] nach göttlicher

---

[32] ἀγάπη: 1,4.15; 2,4; 3,17.19; 4,2.15.16; 5,2; 6,23; ἀγαπάω: 1,6; 2,4;
5,2.25.28.33; 6,24; ἀγαπητός: 5,1; 6,21.

[33] Vgl. Buber 1060, der die Aufforderung zur Nachahmung Gottes
als eine „Paradoxie des Judentums" bezeichnet hat: „wie vermöchte
der Mensch den Unsichtbaren, Unfaßbaren, Gestaltlosen, nicht zu
Gestaltenden nachzuahmen?"

[34] 1Kor 4,16; 11,1; Phil 3,17; 1Thess 1,6.

[35] Wichtiger als der kosmologische Gebrauch der Metapher (der auf
Platons Timaios zurückgeht – so Philon in Op 16.25.133. 139.141) ist
der soteriologische: All I 22.31.38; Cher 51; Agr 167; Plat 18–22.44;
Ebr 88–91.136f.; Migr 103; Her 56f.; Mut 79f.135; Som II 45; SpecLeg
I 81; III 83.207; Virt 52.

[36] Wie es das lateinische *imitatio* und das deutsche „nachahmen"
nahelegen könnten. Bei Platon und erst recht bei Aristoteles (in der
Poetik) bedeutet *Mimesis* die „Darstellung" und nicht die Kopierung

Vollkommenheit, sondern die ontische Prägung des Menschen durch göttliche Kräfte, um die es hier geht.[37] In Eph 5,1–2 ist die Erfahrung der Liebe Gottes die Ermöglichung, Gott „nachzuahmen"[38] (nämlich: „als[39] [von Gott] geliebte Kinder"). Anschaulich aber wird die μίμησις θεοῦ durch das „Modell" Christi (V. 2). Es ist seine Selbsthingabe[40] „für uns" aus Liebe, die den „Wandel" der Christen „in Liebe" ermöglicht. Die Aussage erscheint in der Opfermetaphorik. Doch schon in Röm 12,1f. findet sich das Opfermotiv direkt auf die Christen bezogen, ohne daß eine christologische Substitutionshandlung erwähnt wird. Das spricht auch in Eph 5,1f. gegen eine Deutung im Sinne der „Stellvertretung".[41] Umgekehrt verhindert die christologische Begründung einen monotheistischen Kurzschluß, wie er etwa in der Form einer direkten Theokratie auftreten kann. Die sich für die Geschöpfe aufopfernde Liebe Gottes, die Christus vorstellt, bleibt in gewissem Sinne ein Wagnis und Risiko.[42]

---

(dazu Petersen). Der Begriff geht letztlich auf den kultischen Ritus zurück (Betz), der überhaupt der Ursprung der darstellenden Künste ist.

[37] Vgl. zum Mimesis-Motiv (und zu Eph 5,1–2 im ganzen) Sellin, Imitatio Dei.

[38] Es gibt im Deutschen leider kein passendes Wort für diese Mimesis.

[39] ὡς vor Nomina hat im Eph häufig die Bedeutung von „als", z. B. in 5,8.28; 6,7; vgl. Schmid 259; Stählin; Muraoka; Gnilka 244 Anm. 3.

[40] Popkes, Christus traditus; ders., Art. παραδίδωμι.

[41] Anders aber Röhser 94ff. Die ὑπέρ-Formulierung an sich kann jedoch einfach „zugunsten von" bedeuten (Röhser übersetzt auf S. 97 doppelt: „für uns/an unserer Stelle"). In Verbindung mit dem Opfermotiv könnte sich die Konnotation mit dem Stellvertretungsmotiv zwar einstellen, doch ist der leitende Gedanke in 5,1f. die Ermöglichung des Wandels in Liebe. Der aber wird den Christen gerade nicht erspart. Das Motiv der Substitution findet sich m. E. nicht in den Versen (vgl. auch 5,25b).

[42] Das „in gewissem Sinne" läßt sich nicht näher definieren. Es ist vor allem nichts Quantitatives.

## (3) Eph 1,20–23

Auf die Briefeingangseulogie (1,3–14[43]) folgt noch eine Danksagung[44] mit Fürbitt-Erwähnung (*prayer-report*[45]: 1,15–23), die in V. 20–23 in einen relativisch angeschlossenen Credoteil mündet. Der Abschnitt besteht aus sechs Elementen:

(1) einem Bekenntnis von der Auferweckung (V. 20a),
(2) einer Erhöhungsaussage mit ψ 109,1a[46] (V. 20b),
(3) einer Aufzählung der Mächte, denen der erhöhte Christus überlegen ist (V. 21),
(4) einer Unterwerfungsaussage mit ψ 8,7[47] (V. 22a),
(5) der κεφαλή-Aussage (V. 22b–23a),
(6) der πλήρωμα-Aussage (V. 23b).

Merkwürdig ist der Abschluß V. 22b–23. V. 22b enthält eine erste Schwierigkeit: „und ihn (Christus) gab er als Haupt über alles der Kirche" (καὶ αὐτὸν ἔδωκεν κεφαλὴν ὑπὲρ πάντα τῇ ἐκκλησίᾳ). Der Satz enthält 1.) ein von ἔδωκεν abhängiges Akkusativobjekt (αὐτόν), 2.) einen auf den ersten Blick ungeklärten weiteren Akkusativ: artikelloses κεφαλήν, 3.) ein Dativobjekt (τῇ ἐκκλησίᾳ), 4.) ein syntaktisch (und semantisch) ebenfalls ungeklärtes ὑπὲρ πάντα. – Der zweite Akkusativ muß prädikativ („und ihn gab er ... der Kirche *als Haupt*") verstanden werden. Größere Schwierigkeiten macht aber die Zuordnung von ὑπὲρ πάντα, zumal dieses zwischen dem Akkusativ κεφαλήν und dem Dativobjekt τῇ ἐκκλησίᾳ steht. ὑπέρ + Akk. hat im NT immer

---

[43] Vgl. 2Kor 1,3–7; 1Petr 1,3–12. Die Eulogie (Berakha) ist eine frühjüdische alltagsrituelle Gattung (MULLINS; TOWNER; SCHARBERT). Als Briefeingangsgattung ist sie erst spät verwendet worden (DAHL, Benediction).

[44] So in allen Paulusbriefen außer Gal und 2Kor (in dem sie ersetzt wird durch die Eulogie): SCHUBERT.

[45] WILES 156ff.

[46] ψ 109,1 und ψ 8,7 sowie eine Aufzählung der depotenzierten Mächte finden sich gemeinsam auch in 1Kor 15,24–27 und 1Petr 3,22; die beiden Psalmverse werden außerdem zusammen zitiert in Hebr 1,13 und 2,8; ψ 109,1b und eine Aufzählung von Mächten begegnen in Röm 8,34.38. Zur Verwendung von ψ 109,1 im Neuen Testament s. HAY.

[47] Siehe oben Anm. 46.

komparativische, niemals nur lokale Bedeutung.[48] πάντα hat
vom Kontext her kosmologische Bedeutung. Entscheidend
ist aber die Frage, ob die Wendung ὑπὲρ πάντα attributiv
(zu κεφαλήν) oder adverbial (zum ganzen Satz[49]) zu verstehen ist. Letzteres läßt die Satzstellung nicht zu (die Wendung müßte dann vor dem Verb ἔδωκεν stehen). So wird
man also zu übersetzen haben: „... und er gab ihn als Haupt
über das All der Kirche".[50] ὑπὲρ πάντα wäre dann zu verstehen als eine verkürzte Wiederaufnahme von V. 22a. Auf
jeden Fall aber ergibt sich ein Nebeneinander von kosmolo-
gischer und ekklesiologischer κεφαλή-Funktion Christi.

In dem Relativsatz V. 23 wird die Kirche als „sein Leib"
bezeichnet (ἥτις ἐστὶν τὸ σῶμα αὐτοῦ). Damit ergibt sich
ein Problem für die Haupt-Leib-Metaphorik. „Leib" ist ursprünglich der ganze Christus. Hier aber wird das „Haupt"
vom „Leib" unterschieden, und Christus wird nur mit dem
„Haupt" metaphorisch prädiziert. Beides ist jedoch kein
Widerspruch. Metaphern haben ihre Stärke oft in ihrer Be-
weglichkeit und ihrer Fähigkeit, Ambivalenzen zu erzeu-
gen.[51]

V. 23a ist ein Relativsatz zu ἐκκλησία: Die Kirche ist „der
Leib Christi". V. 23b stellt eine appositionelle Explikation zu
„Kirche" als „Leib" Christi dar. Diese Apposition V. 23b,
die Pleroma-Aussage, bereitet die größte Schwierigkeit für
die Exegese. Es gibt hier drei Probleme:

(1) Ist τὸ πλήρωμα „das Ausfüllende" (aktivisch) oder „das Angefüllte" (passivisch)?

---

[48] BDR § 230. Lokale Bedeutung hätte der Verfasser mit ὑπεράνω
wiedergegeben (vgl. 1,21; 4,10); vgl. Philon, All III 175; Fug 101 (s. u.
Anm. 63 und 64).

[49] So ist ὑπὲρ πάντα in 3,20 gebraucht.

[50] Zur Verdeutlichung: „... und er gab ihn, der als Haupt das All
überragt, der Kirche" (also: attributiv zum Objekt αὐτόν).

[51] DAWES 122–167 konstatiert einen doppelten metaphorischen Gebrauch von σῶμα: einmal als Ganzheit, sodann aber als unterschieden
vom „Haupt". Damit ist der Befund zutreffend dargestellt. Doch gibt
es m. E. auch eine plausible Erklärung für die Ambivalenz. Für Philon
von Alexandria ist der Logos beides zugleich: der *Körper* der Ideen
(dargestellt als eine Pyramide) und zugleich die *Spitze* (κεφαλή) dieser
Pyramide, die ja alle Ideen in sich (einem ausdehnungslosen Punkt)
zusammenfaßt; vgl. Migr 102f.; Fug 108–118; Som I 127f.

(2) Ist πληρουμένου Passivum oder Medium mit aktivischer Bedeutung?

(3) Hat τὰ πάντα ἐν πᾶσιν adverbiale Funktion („alles in allem", „gänzlich") oder steht es als Objekt?

In der älteren Exegese wurde „Pleroma" häufig als Komplementum zu Christus aufgefaßt.[52] Danach wäre Christus erst „komplett" durch die Kirche. Ein solcher Gedanke widerspricht jedoch der neutestamentlichen Christologie sowie dem semantischen Bedeutungskern der Totalität (nicht: Ergänzung). Das paronomastische Syntagma τὸ πλήρωμα τοῦ ... πληρουμένου läßt sich am besten bestimmen, wenn man von dem prädizierenden Partizip ausgeht: Wenn πληρούμενος aktivisch aufzufassen ist („erfüllend"), muß τὰ πάντα ἐν πᾶσιν („alles") Objekt sein. Ist πληρούμενος dagegen passivisch („erfüllt"), dann wäre τὰ πάντα ἐν πᾶσιν adverbial („gänzlich") aufzufassen. Zwar ist die aktivische Bedeutung des medialen πληροῦσθαι selten, doch spricht alles dafür, τὰ πάντα ἐν πᾶσιν als Objekt aufzufassen: vgl. Eph 4,10[53]; 1Kor 12,6[54]; 15,28; Philon, All III 4; Conf 136; VitMos II 238. Ja, von Eph 1,22 her (zweimal πάντα) ist diese Deutung sogar zwingend.[55] Wenn also nun τὰ πάντα ἐν πᾶσιν als Objekt zu nehmen ist, dann muß πληροῦσθαι ein Medium mit aktivischer Bedeutung sein. Der Befund, daß eine Medialform statt des zu erwartenden Aktivs steht, ist im Neuen Testament häufiger belegt.[56] – V. 23b hat dann die Bedeutung: *Die Kirche als Leib Christi ist die „Fülle"* (πλήρωμα) *dessen, der alles in allem ausfüllt*[57] (1).

---

[52] Chrysostomos, Ambrosiaster, Thomas, Calvin u. a. In neuerer Zeit: EWALD 104; J. A. ROBINSON 42ff.255–259 (die Kirche als Leib ergänzt das Haupt); OVERFIELD 393 (unter Berufung auf das Konzept der *corporate personality*).

[53] πληροῦν τὰ πάντα.

[54] ὁ ... θεὸς ὁ ἐνεργῶν τὰ πάντα ἐν πᾶσιν.

[55] Ein adverbiales τὰ πάντα begegnet allerdings in Eph 4,15 (ein spezifizierender Akkusativ mit der Bedeutung „in jeder Hinsicht").

[56] BDR § 316,1 mit Anm. 2.

[57] Für diese Deutung spricht auch die parallele Satzstruktur:

ἥτις ἐστὶν   τὸ σῶμα      αὐτοῦ
          τὸ πλήρωμα   τοῦ πληρουμένου   τὰ πάντα ἐν πᾶσιν.

(2) Würde man dagegen πληρουμένου passivisch auffassen (und τὰ πάντα folglich adverbial), ergäbe sich die Bedeutung: Die Kirche als Leib Christi ist das πλήρωμα (die Fülle) dessen, der ganz und gar (von Gott) angefüllt ist. Bei dieser Deutung wäre die kosmische Dimension völlig vom Kirchengedanken verdrängt worden.

(2a) Verstünde man hierbei das Wort πλήρωμα im aktivischen Sinne (das, was erfüllt), ergäbe sich eine Bedeutung, wonach die Kirche eine Vervollkommnung Christi darstellen würde[58] – ein weder dem Logosbegriff noch der frühchristlichen Christologie adäquater Gedanke.

(2b) Verstünde man πλήρωμα hierbei passivisch (das, was angefüllt ist), ergäbe sich die Bedeutung: Die Kirche ist erfüllt von dem, der ganz von Gott erfüllt ist.[59] Das würde zwar genau Kol 1,19; 2,9 entsprechen, ist aber den Aussagen in Eph nicht angemessen.

So ergibt sich als die wahrscheinlichste Interpretation von 1,23b: πλήρωμα ist in passivischem Sinne („das Angefüllte") zu verstehen; πληρουμένου ist Medium mit aktivischer Bedeutung, τὰ πάντα ἐν πᾶσιν ist Objekt. Die Apposition hat dann folgende Bedeutung: *Die Kirche ist als Leib die Fülle dessen (= ist erfüllt von dem – nämlich Christus), der alles in allen Teilen erfüllt.*[60] Danach erfüllt Christus, indem er das All ausfüllt (vgl. 4,10), zugleich die Kirche, die nun seine „Fülle" ist. Dabei wird deutlich, in welchem Punkt der Eph in der Pleroma-Konzeption über den Kol hinausgeht: Während der Verfasser des Kol (im Anschluß an eine Logos-Konzeption wie bei Philon, Som I 62.75; II 245) zum Ausdruck bringt, daß die Fülle des die ganze Welt ausfüllenden Gottes in Christus „wohnt" (Kol 1,19; 2,9), erweitert der Verfasser des Eph diese Konzeption auf die Kirche, die nun zum Pleroma Christi wird, der selber das Pleroma Gottes verkörpert.

Die Parallelität von kosmischer und ekklesialer „Haupt"-Stellung Christi ist bereits in der hellenistisch-jüdischen Logostheologie vorgebil-

---

[58] Siehe oben bei Anm. 52.

[59] So z. B. J. A. T. ROBINSON, The Body 68f.; BEST, One Body 139ff.; DERS., Ephesians 184; DAWES 236ff.

[60] So z. B. HAUPT 45; SCHMID 190–193; SCHLIER 99; ERNST 113f. (der freilich 114ff. diese Interpretation wieder verdunkelt, indem er aktivische und passivische Deutung von πλήρωμα und πληρουμένου zugleich behauptet); GNILKA 99; BARTH I, 209; LINDEMANN 215; MUSSNER 81; LINCOLN 76f.; FAUST 50f.; JEAL 106–109. Dabei ist Christus der Füllende (vgl. 4,10).

det.[61] Nach Philon hat der Logos sowohl die kosmische Herrschafts-position inne (All III 175[62]; Fug 101[63]; QuaestEx II 117[64]), wobei er das All „erfüllt"[65], als auch die Erlöserfunktion für die ihm Zugehörigen, die als Inspirationsvorgang ebenfalls durch die πληροῦν-Terminologie ausgedrückt werden kann[66] und dann auch als κεφαλή-σῶμα-Relation beschrieben wird (Fug 110ff.; Som I 66.128.146). Die entsprechenden Aussagen Philons, des Kol und des Eph lassen sich nun schematisch vergleichen:

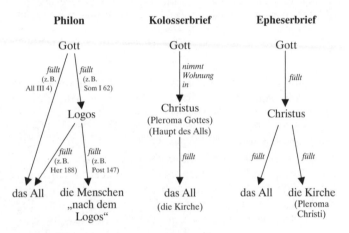

| **Philon** | **Kolosserbrief** | **Epheserbrief** |
|---|---|---|
| Gott | Gott | Gott |

Die Frage ist, in welchem Verhältnis Kosmos und Kirche dabei stehen. Natürlich stehen beide nicht beziehungslos nebeneinander, insofern die Kirche in der Welt existiert.

---

[61] Darauf macht FAUST 48–54 aufmerksam.

[62] καὶ ὁ λόγος δὲ τοῦ θεοῦ ὑπεράνω παντός ἐστι τοῦ κόσμου καὶ πρεσβύτατος καὶ γενικώτατος τῶν ὅσα γέγονεν.

[63] ὁ δ' ὑπεράνω τούτων λόγος ... εἰκὼν ὑπάρχων θεοῦ ...

[64] "The head of all things is the eternal Logos of the eternal God" (R. Marcus [transl.], Questions and Answers on Exodus [Philo, Suppl. II] LCL, 168). Der Text ist nur armenisch erhalten; außerdem wird anschließend Christus erwähnt, so daß dieser vorangehende Satz mög-licherweise schon zum christlichen Einschub gehören könnte.

[65] Her 188: „Dieser (der Logos als εἰκὼν ... τοῦ μόνου πλήρους θεοῦ) ist Kitt und Band, der alles Existierende erfüllt (πάντα τῆς οὐσίας ἐκπεπληρωκώς); er aber ... ist selber nur von sich erfüllt (πλήρης αὐτὸς ἑαυτοῦ)"; vgl. Plant 8f.; Fug 112; QuaestEx II 68 (τὰ ὅλα πληρῶν).

[66] Zum Beispiel Post 130–137.147; Imm 151; Ebr 146.149; Migr 35; Fug 194; Mut 270; Som II 74.190.

Kosmos und Kirche decken sich zur Zeit nicht. Die Kirche ist die Schar derer, die die „Liebe Christi erkennen" und so zu der „ganzen Fülle Gottes" erfüllt werden (3,19). Jedoch ist der universal-kosmische Kirchengedanke, der letztlich auf einen kosmischen Monotheismus tendiert, nicht unproblematisch. Ernst Käsemann hat das Problem so formuliert:

> „Wo die Ekklesiologie in den Vordergrund rückt, aus welchen noch so berechtigten Gründen das geschehen mag, wird die Christologie ihre ausschlaggebende Bedeutung verlieren, sei es auch dergestalt, daß sie in irgendeiner Weise der Lehre von der Kirche integriert wird, statt ihr unaufgebliches Maß zu bleiben. Genau das ist bereits im Epheserbrief erfolgt [...] Was bei Paulus christologisch verkündigt wurde, ist jetzt zur Funktion der Ekklesiologie gemacht, nämlich die Einigung der Welt in der Pax Christi [...] Es sollte uns beunruhigen, ob solche theologische Verschiebung notwendig und berechtigt war. Selbst wenn sie es historisch gewesen wäre, bliebe uns nicht die Entscheidung darüber erspart, ob wir sie nachvollziehen oder rückgängig machen müssen."[67]

Diese monarchische Tendenz wird jedoch aufgefangen durch das den ganzen Eph beherrschende Motiv der Liebe, die geradezu zur ontologischen Kategorie wird, insofern sie von der Erfahrung des Christus-Ereignisses (5,2b) zurückprojiziert wird auf die Begründung allen Seins in Gnade und Liebe noch vor der Schöpfung (1,4).[68] Das ist die Weise, wie Christus „herrscht". Und „Kirche" (als „Fülle" Christi) ist danach gerade der Ort, an dem die Liebe zum Ausdruck kommt (3,19; 4,15f.). Die Liebe als Maßstab der Kirche, wie sie der Eph voraussetzt, ist die fundamentalste und radikalste Kritik aller bestehenden Kirchen.

Diese Züge der Theologie des Eph qualifizieren nun aber auch den Monotheismus des Eph. Eberhard Faust hat der These von Heinrich Schlier, Joachim Gnilka und Rudolf Schnackenburg[69] widersprochen, daß die Kirche im Eph als

---

[67] Käsemann 209f. – Luz, 375 mit Anm. 30 und 31, bemerkt entsprechend (oder besser: ergänzend): Nach dem Eph wird „die irdische Kirche eher ins Licht des Vollendeten als des Gekreuzigten" gestellt.

[68] Das häufige Vorkommen von ἀγάπη/ἀγαπᾶν/ἀγαπητός im Eph (s. o. Anm. 32) wird statistisch nur noch im 1Joh übertroffen.

[69] Schlier 65.99; ders., ThWNT III (1938), 682; Gnilka 109; Schnackenburg 59.

„Medium" und „Keimzelle der Allbeherrschung und All-
erfüllung Christi erscheint"[70], und zwar unter Hinweis auf
die zwei unterschiedlichen Modi der Kephale-Funktion einerseits und der Pleroma-Funktion Christi andererseits: Die
Kirche ist Pleroma nur im passivischen Sinne (von Christus
mit seinen Kräften ausgefüllt), nicht aber aktivisch (die Welt
ausfüllend).[71] Letzteres bleibt Christus allein vorbehalten.
Dies ergibt sich bereits aus der hellenistisch-jüdischen Tradition, die neben einer doppelten Kephale- und Pleroma-
Funktion des Logos (über das All einerseits und die dem
Logos zugehörigen Menschen bzw. Seelen andererseits)
auch zweierlei Herrschaftsmodi kennt: über das All in der
*Kyrios*-Funktion (despotisch), über die Frommen in der
*Theos*-Funktion (euergetisch). Aus der passivischen Bedeutung von πλήρωμα in 1,22f. sowie der im Hintergrund stehenden hellenistisch-jüdischen Logos-Theologie läßt sich
dann für die Ekklesiologie des Eph tatsächlich so etwas
wie eine „Zwei-Reiche-" und „Zwei-Regimenten-Lehre" als
wesentliches Moment erkennen. Dabei ist die universal-
eschatologische Perspektive nicht ausgeschlossen: „die voll-
ständige soteriologische Integration aller Menschen in das
ekklesiale Soma"[72], deren Durchführung noch im Prozeß
begriffen ist.
    Die Kirche ist also nicht das Mittel, mit dem Christus
Herr über den Kosmos wird. Er ist bereits Pantokrator seit
seiner Inthronisation durch Gott. Als „Haupt des Alls" ist er
der Kirche gegeben, und die Kirche ist „erfüllt" von ihm, der
den Kosmos „erfüllt" – nicht aber ist die Kirche das, was den
Kosmos „erfüllt". Die Ekklesiologie des Eph kann deshalb
nicht dazu herhalten, die biblische Begründung für eine
kosmische Hierokratie zu liefern. Vielmehr finden wir hier
eine Position, in der sich – theologiegeschichtlich modern
gesprochen – Züge einer Art „Zwei-Reiche-Lehre" mit dem
Konzept der universellen „Königsherrschaft Christi" verbinden. Zusammengehalten wird beides im ontologischen
Ansatz: Gott hat „in Liebe" seine Geschöpfe („in dem Ge-
liebten") „erwählt", bevor er sie überhaupt („in ihm") ge-

---

[70] Faust 52–54.
[71] Siehe oben bei Anm. 60.
[72] Faust 53.

schaffen hat (Eph 1,3ff.). Dieses „Geheimnis" den Menschen erfahrbar zu machen, ist Ziel des Evangeliums.

Das Neue Testament kennt keine Theokratie[73], keine Hierokratie und schon gar keine Ekklesiokratie. Auch der auf Monismus tendierende Epheserbrief, der das Wort *eins* so nachdrücklich wie keine andere Schrift im Neuen Testament gebraucht, spricht von Gott immer in Freiheit wahrender metaphorischer (und zwar christologischer) Weise. Sein Monotheismus ist der einer „negativen Theologie"[74], mit der sich keine innerweltliche Hierarchie und Monarchie begründen läßt.

## Literatur

ASSMANN, JAN: Moses der Ägypter. Entzifferung einer Gedächtnisspur, München 1998.

BARTH, MARKUS: Ephesians (AncB 34/34A), 2 Bde., New York 1974.

BEST, ERNEST: A Critical and Exegetical Commentary on Ephesians (ICC), Edinburgh 1998.

BEST, ERNEST: One Body in Christ. A Study in Relationship of the Church to Christ in the Epistles of the Apostle Paul, London 1955.

BETZ, HANS DIETER: Nachfolge und Nachahmung Jesu Christi im Neuen Testament (BHTh 37), Tübingen 1967.

BLASS, FRIEDRICH / DEBRUNNER, ALBERT: Grammatik des neutestamentlichen Griechisch – bearbeitet von FRIEDRICH REHKOPF, Göttingen [14]1976 = [18]2001 (BDR).

BUBER, MARTIN: Nachahmung Gottes, in: DERS., Werke Bd. 2 (1964), 1053–1060.

DAHL, NILS ALSTRUP: Benediction and Congratulation, in: DERS., Studies in Ephesians, ed. by D. Hellholm, V. Blomkvist, and T. Fornberg (WUNT 131), Tübingen 2000, 279–314.

DAWES, GREGORY W.: The Body in Question. Metaphor and Meaning in the Interpretation of Ephesians 5:21–33 (Biblical Interpretation Series 30), Leiden 1998.

DIBELIUS, MARTIN: Die Christianisierung einer hellenistischen Formel, in: DERS., Botschaft und Geschichte. Ges. Aufs. Bd. 2, Tübingen 1956, 14–29.

---

[73] Der Begriff „Gottesherrschaft" (βασιλεία τοῦ θεοῦ) transzendiert jede weltliche Herrschaft. Er wird überwiegend metaphorisch prädiziert.

[74] Im Sinne der oben Anm. 8 gebotenen Definition des Begriffs.

DIELS, HERMANN: Die Fragmente der Vorsokratiker. Griechisch und Deutsch, 6. Aufl., hg. von WALTHER KRANZ, 3 Bde., Berlin 1951 (Nachdr. Zürich 1996–1998).

DÖRRIE, HEINRICH / BALTES, M.: Die philosophische Lehre des Platonismus. Einige grundlegende Axiome / Platonische Physik (im antiken Verständnis), Bd. I, Bausteine 101–124: Text, Übersetzung, Kommentar (Der Platonismus der Antike. Grundlagen – System – Entwicklung, Bd. 4), Stuttgart/Bad Cannstatt 1996, 110–179. 377–489.

ERNST, JOSEF: Pleroma und Pleroma Christi. Geschichte und Deutung eines Begriffs der paulinischen Antilegomena (BU 5), Regensburg 1970.

EWALD, PAUL: Die Briefe des Paulus an die Epheser, Kolosser und Philemon (KNT 10), Leipzig ²1910.

FAUST, EBERHARD: Pax Christi et Pax Caesaris. Religionsgeschichtliche, traditionsgeschichtliche und sozialgeschichtliche Studien zum Epheserbrief (NTOA 24), Freiburg (Schweiz)/Göttingen 1993.

GNILKA, JOACHIM: Der Epheserbrief (HThK X/2), Freiburg ²1977.

GUTTENBERGER ORTWEIN, GUDRUN: Statusverzicht im Neuen Testament und seiner Umwelt (NTOA 39), Freiburg (Schweiz)/Göttingen 1999.

HAUPT, ERICH: Die Gefangenschaftsbriefe (KEK VIII und IX), 7. bzw. 6. Aufl., Göttingen 1897.

HAY, DAVID M.: Glory at the Right Hand. Psalm 110 in Early Christianity (SBL.MS), Nashville/New York 1973.

HÜBNER, HANS: An Philemon. An die Kolosser. An die Epheser (HNT 12), Tübingen 1997.

JEAL, ROY R.: Integrating Theology and Ethics in Ephesians. The Ethos of Communication (Studies in Bible and Christianity 43), Lewiston/Queenston/Lampeter 2000.

KÄSEMANN, ERNST: Das theologische Problem des Motivs vom Leibe Christi, in: DERS., Paulinische Perspektiven, Tübingen ²1972, 178–210.

KLAPPERT, BERTOLD: Die Trinitätslehre als Auslegung des Namens des Gottes Israels, EvTh 62 (2002), 54–72.

KOCH, KLAUS: Monotheismus als Sündenbock? ThLZ 124 (1999), 873–884.

LANG, BERNHARD: Art. „Monotheismus", HRWG IV (1998), 148–165.

LINCOLN, ANDREW T.: Ephesians (WBC 42), Dallas 1990.

LINDEMANN, ANDREAS: Die Aufhebung der Zeit. Geschichtsverständnis und Eschatologie im Epheserbrief (StNT 12), Gütersloh 1975.

LUZ, ULRICH: Rechtfertigung bei den Paulusschülern, in: Rechtfertigung. FS Ernst Käsemann, Tübingen 1976, 365–383.

MARQUARD, ODO: Lob des Polytheismus. Über Monomythie und Polymythie, in: DERS., Abschied vom Prinzipiellen. Philosophische Studien, Stuttgart 1981, 91–116.

MAYER, GÜNTER: Die herrscherliche Titulatur Gottes bei Philo von Alexandria, in: FS Heinz Schreckenberg (Schriften des Institutum Judaicum Delitzschianum 1), Göttingen 1993, 293–302.

METZ, JOHANN BAPTIST: Theologie gegen Mythologie, in: Herder-Korrespondenz 42 (1988), 187–193.

MÜLLER, HANS-PETER: Art. „Monotheismus", RGG⁴ 5 (2002), 1459–1462.

MULLINS, TERENCE Y., Ascription as a literary form, NTS 19 (1972/73), 194–205.

MURAOKA, TAKAMITSU: The Use of ὡς in the Greek Bible, NT 7 (1964/65), 51–72.

MUSSNER, FRANZ: Der Brief an die Epheser (ÖTK 10), Gütersloh 1982.

NICHTWEISS, BARBARA: Erik Peterson. Neue Sicht auf Leben und Werk, Freiburg 1993.

NIETZSCHE, FRIEDRICH: Die fröhliche Wissenschaft (1882/1887), in: DERS., Sämtliche Werke. Kritische Studienausgabe in 15 Bänden, hg. von Giorgio Colli und Mazzino Montinari, München ²1988 (KSA), Bd. 3, 343–651.

OVERFIELD, P. D.: Pleroma. A Study in Content and Context, NTS 25 (1979), 384–396.

PETERSEN, JÜRGEN H.: Mimesis – Imitatio – Nachahmung. Eine Geschichte der europäischen Poetik (UTB 8191), München 2000.

PETERSON, ERIK: Der Monotheismus als politisches Problem (1935), in: DERS., Theologische Traktate, München 1951, 49–105.

PÖHLMANN, WOLFGANG: Die hymnischen Allprädikationen in Kol 1,15–20, ZNW 64 (1973), 53–74.

POPKES, WIARD: *Christus traditus*. Eine Untersuchung zum Begriff der Dahingabe im Neuen Testament (AThANT 49), Zürich 1967.

POPKES, WIARD: Art. παραδίδωμι, EWNT III (1983, ²1992), 42–48.

ROBINSON, JOSEPH ARMITAGE: St. Paul's Epistle to the Ephesians. A Revised Text and Translation with Exposition and Notes, London ²1904.

ROBINSON, JOHN A. T.: The Body. A Study in Pauline Theology, London 1952.

RÖHSER, GÜNTER: Stellvertretung im Neuen Testament (SBS 195), 2002.

SCHARBERT, JOSEF: Die Geschichte der *baruk*-Formel, BZ 17 (1973), 1–28.

SCHINDLER, ALFRED (Hg.): Monotheismus als politisches Problem? Erik Peterson und die Kritik der politischen Theologie, Gütersloh 1978.

SCHLIER, HEINRICH: Der Brief an die Epheser. Ein Kommentar, Düsseldorf ⁷1971.

SCHMID, JOSEF: Der Epheserbrief des Apostels Paulus (BSt[F] 22,3–4), Freiburg 1928.

SCHNACKENBURG, RUDOLF: Der Brief an die Epheser (EKK X), 1982.

SCHUBERT, PAUL: Form and Function of the Pauline Thanksgiving (BZNW 20), Berlin 1939.

SELLIN, GERHARD: *Imitatio Dei*. Traditions- und religionsgeschichtliche Hintergründe von Eph 5,1–2, in: ΕΠΙΤΟΑΥΤΟ. Studies in honour of Petr Pokorný on his sixty-fifth birthday, Praha 1998, 298–313.

SELLIN, GERHARD: Die religionsgeschichtlichen Hintergründe der paulinischen „Christusmystik", ThQ 176 (1996), 7–27.

STÄHLIN, WILHELM: Über die Bedeutung der Partikel ὡς, in: Symbolon. Vom gleichnishaften Denken [1], hg. von A. Köberle, Stuttgart 1958, 99–104.

STOLZ, FRITZ: Einführung in den biblischen Monotheismus, Darmstadt 1996.

STOLZ, FRITZ: Monotheismus in Israel, in: Monotheismus im Alten Israel und seiner Umwelt, hg. von Othmar Keel, Fribourg 1980, 143–189.

THEISSEN, GERD: Die Religion der ersten Christen. Eine Theorie des Urchristentums, Gütersloh 2000.

TOWNER, W. SIBLEY: "Blessed be YHWH" and "Blessed art thou, YHWH". The Modulation of a biblical formula, CBQ 30 (1968), 386–399.

WENGST, KLAUS: „... einander für vorzüglicher halten...". Zum Begriff „Demut" bei Paulus und in paulinischer Tradition, in: Studien zum Text und zur Ethik des Neuen Testaments. FS Heinrich Greeven, hg. von Wolfgang Schrage (BZNW 47), Berlin 1986, 428–439.

WERBICK, JÜRGEN: Absolutistischer Einheitsglaube? – Befreiende Vielfalt des Polytheismus?, in: Ist der Glaube Feind der Freiheit? Die neue Debatte um den Monotheismus, hg. von Thomas Söding (QD 196), Freiburg 2003, 142–175.

WILES, GORDON P.: Paul's Intercessory Prayers. The Significance of the Intercessory Prayer Passages in the Letters of St. Paul, Cambridge 1974.

Eve-Marie Becker

# ΕΙΣ ΘΕΟΣ und 1Kor 8

## Zur frühchristlichen Entwicklung und Funktion des Monotheismus

## 1. Einführung

### 1.1 Vorüberlegung

Seit längerer Zeit führen die Religionswissenschaften, die Religionsphilosophie und die verschiedenen Disziplinen der Theologie eine lebhafte Diskussion über die Phänomene von Polytheismus, Henotheismus und Monotheismus[1]. Die neutestamentliche Wissenschaft kann in diesem Diskurs, sofern sie dazu aufgefordert wird und sich daran beteiligt[2], einen spezifischen Beitrag zu den Gottesvorstellungen im entstehenden Christentum leisten.[3]

---

[1] Vgl. dazu z. B. die Aufsatzsammlung: Polytheismus und Monotheismus in den Religionen des Vorderen Orients, hg. v. M. KREBERNIK/J. VAN OORSCHOT. Hierin sind u. a. folgende theologische Aufsätze enthalten: J. VAN OORSCHOT, ‚Höre Israel…' (Dtn 6,4f.) Der eine und einzige Gott Israels im Widerstreit, a. a. O., 113–135; B. ALAND, Gnostischer Polytheismus oder gnostischer Monotheismus?, a. a. O., 195–208; C. MARKSCHIES, Heis Theos – Ein Gott?, a. a. O., 209–234. Zu den geistigen und politischen Interessen an dieser Diskussion in jüngster Zeit vgl. die Einleitung von W. POPKES im vorliegenden Band.

Zur begrifflichen Differenzierung vgl. die einschlägigen Artikel im HRWG: C. AUFFARTH, Art. Henotheismus; B. LANG, Art. Monotheismus; B. GLADIGOW, Art. Polytheismus; DERS., Art. Gottesvorstellungen. Vgl. zu definitorischen Fragen auch M. L. WEST, Monotheism, 21ff.

[2] Dies ist in der genannten Aufsatzsammlung nicht der Fall. Aus jüngerer Zeit aber sind zu nennen: H.-J. KLAUCK (Hg.), Monotheismus; W. SCHRAGE, Einheit. Neuere Übersicht über den Forschungsstand im Bereich der atl. Wissenschaft und ihrer Nachbardisziplinen bieten F. STOLZ, Einführung; DERS., Monotheismus; W. DIETRICH, Wesen.

[3] Eine Reduktion dieser Fragestellung auf die Wahrnehmung theo-

Einen Grundtext für die neutestamentliche Beschäftigung mit dem Monotheismus stellt 1Kor 8,1–6 dar. Im Neuen Testament finden sich kaum Lehrtexte über das Verhältnis von Polytheismus und Monotheismus[4], eher Momentaufnahmen in der erzählenden Literatur, in denen polytheistisch *versus* monotheistisch geprägte Religionskulturen auf einander treffen (Apg)[5]. Die ntl. Briefe enthalten solche Texte, in denen aus aktuellem Anlaß z. B. kultisch-religiöse Fragen in tendenzielle Beschreibungen eines ‚christlichen Monotheismus' übergehen (1Kor 8) und dabei ggf. auch zu theologischen Spitzenformulierungen (1Kor 8,6) führen. Vor diesem Hintergrund und in dieser Reichweite kann eine neue Exegese von 1Kor 8,1–6 paulinische bzw. frühchristliche Aussagen zum ‚Monotheismus' darstellen.

Die Argumentation von 1Kor 8,1–6 basiert wesentlich auf drei zu einander in Beziehung gesetzten Propositionen: der ‚Gnosis' (besonders 8,1–4), der Götzenopferfleischthematik (8,1a.4a.7ff.) und dem Bekenntnis zu dem Einen Gott und zu dem Einen Herrn (8,4–6). Um die paulinischen Aussagen zum Poly- und Monotheismus in dieser komplexen Argumentation freizulegen, muß die Struktur der Argumentation, die sich an den drei genannten Propositionen orientiert, in einzelnen Schritten (vgl. 2.–5.) erhoben werden. Im Anschluß daran frage ich nach der traditionsgeschichtlichen Verwurzelung der εἰς θεός-Formel (vgl. 6.).

## 1.2 Übersetzung von 1Kor 8,1–6

[1a] Was aber das Götzenopfer betrifft –
[1b] wir wissen, daß wir alle Erkenntnis haben.
[1c] Die Erkenntnis bläht auf, die Liebe aber baut auf.

---

logischer und christologischer Sprachformen in den ntl. Texten – wie dies H. Hübner, Art. Monotheismus, vorlegt – erscheint in diesem Diskurs zu einseitig und letztlich wenig hilfreich.

[4] Zu einer ähnlichen Beurteilung führt zumeist auch die Analyse von 1Kor 8: Da das Bekenntnis in 1Kor 8,6 als Akklamation aufzufassen ist, kommt ihm „keine philosophische oder theoretische Funktion" zu, so W. Schrage, Brief, 223. Anders U. Schnelle, Einleitung, 83: „In der Bekenntnisformel 1Kor 8,6 verbindet sich ein philosophischer Monotheismus mit dem Glauben an die Schöpfungs- und Erlösermittlerschaft Jesu Christi".

[5] Vgl. dazu den Beitrag von O. Wischmeyer im vorliegenden Band.

[2] Falls jemand meint, er habe etwas erkannt,
der hat noch nicht erkannt, wie man erkennen soll.
[3] Wenn aber jemand Gott liebt, dieser ist von ihm erkannt.

[4a] Was also das Essen von Götzenopfer betrifft –
[4b] wir wissen, daß es keinen Götzen gibt in der Welt
und daß es keinen Gott gibt außer dem Einen.

[5a] Selbst wenn es nämlich sogenannte Götter gibt
– sei es im Himmel, sei es auf der Erde –
[5b] wie es viele Götter und viele Herren gibt –,
[6]      [a] haben wir aber *einen* Gott, den Vater,
      [b] aus dem alle Dinge sind und wir auf ihn (hin),
      [c] und *einen* Herrn, Jesus Christus,
      [d] durch den alle Dinge sind und wir durch ihn.

[7] Aber nicht bei allen ist die Erkenntnis ...

## 2. 1Kor 8,1–6 in seinem Kontext

### 2.1 Die Stellung von 1Kor 8,1–6 im Gesamtbrief

Auch dann, wenn der 1Kor literarisch nicht für einheitlich, sondern für eine Kompilation von mehreren Einzelbriefen gehalten wird, rechnet man in den unterschiedlichen Teilungshypothesen 1Kor 7,1ff. und 8,1ff. im Zusammenhang *einem* gemeinsamen Brief zu.[6] Dies bedeutet für die Interpretation von 1Kor 8,1–6 zweierlei: Die Frage nach der literarischen Einheitlichkeit des 1Kor ist für die Auslegung von 1Kor 8,1–6 unerheblich, und die Kontextanalyse von 1Kor 8,1ff. kann – unabhängig von der literarkritischen Beurteilung – 1Kor 7,1ff. mit einbeziehen.

Andererseits enthält 1Kor 8 semantische Verweise auf den Makrokontext des gesamten Briefes, die die literarische Einheitlichkeit des Briefes stützen: Kap. 8 greift auf 6,13a zurück; 8,10 bezieht sich auf 10,14–22; 8,13 verweist auf

---

[6] Zur Übersicht über die literarkritische Problematik vgl. z. B. H. MERKLEIN, Brief, 164ff.

9,1–23.[7] Ob man die Einheitlichkeit des 1Kor verteidigt oder
mit einer Kompilation von Einzelbriefen rechnet – man
kann 1Kor 7 und 1Kor 8 für einen originären Textzusam-
menhang halten.

Wichtig für die Analyse der argumentativen Struktur von
1Kor 8,1–6 ist die Zusammengehörigkeit der Perikope zu
7,39f. und die parallel erscheinende Struktur zu 7,1 und 7,25.
Bei der Interpretation von 1Kor 8,1–6 konzentriert sich die
Betrachtung des Kontextes daher auf 1Kor 7–8.

## 2.2   Konvergenzen und Divergenzen in 1Kor 7,39f. und 8,1

Der Übergang von 7,39f. zu 8,1 zeigt grammatisch, semantisch und textpragmatisch eine Zäsur an. Die Überlegungen
zur Wiederverheiratung einer Witwe begründet Paulus mit
seiner persönlichen Meinung (7,40b), die er mit Verweis
darauf, das Pneuma Gottes zu haben (7,40c), autorisiert. In
7,40b.c liegt eine *meta-argumentative* Äußerung vor. Paulus
macht „Aussagen über die Art und Weise seiner Argumentation"[8]. 8,1 läßt sich durch die Elemente von Personen- und
Themenwechsel von 7,39f. abgrenzen. Paulus greift eine
neue Thematik, nämlich das εἰδωλόθυτον, auf und stellt sie
in den Diskussionszusammenhang der 1. Person Plural, d. h.
des allgemein-christlichen Wir.

In Bezug auf die Textpragmatik bzw. die Textfunktion ist
1Kor 8,1 konvergent *und* divergent zu 7,40 zu lesen. Der
Themenwechsel in 8,1 ist mit der Wendung: οἴδαμεν ὅτι
πάντες γνῶσιν ἔχομεν verbunden. Paulus reflektiert mit
dieser Aussage in „grundsätzlicher Weise den Kommunika-
tionsprozeß mit den Korinthern"[9]. Es handelt sich also um
eine *meta-kommunikative* Aussage, die sich hinsichtlich des
kommunikativen Typus von der meta-argumentativen Aussage in 7,40c unterscheidet. Paulus stellt in 7,40 der apostolischen, durch das Pneuma Gottes autorisierten Meinung in
8,1 die allgemein-christliche Gewißheit um die Gnosis gegenüber. Während sich Paulus 7,39f. zu einer speziellen, an

---

[7] Vgl. U. Schnelle, Einleitung, 82f.
[8] E.-M. Becker, Schreiben, 138.
[9] E.-M. Becker, Schreiben, 138.

ihn als Apostel gerichteten Frage äußert, wird in 8,1ff. ein Fragenkomplex eröffnet, der auf der Basis der allgemein-christlichen Erkenntnis diskutiert werden muß:

| | |
|---|---|
| 7,40c | ich *meine*, den <u>Geist Gottes</u> zu haben; |
| 8,1b | <u>wir</u> *wissen*, daß wir alle <u>Erkenntnis</u> haben. |

Die Konvergenz von 7,40c und 8,1b besteht darin, daß beide Aussagen den konkreten Argumentationsgang verlassen und eine meta-kommunikative Kommunikationsebene, aus der die konkrete Argumentation distanziert betrachtet wird, einnehmen. Die Divergenz beider Aussagen besteht in ihrem meta-kommunikativen Typus: 7,40c bezieht sich auf die vorausgehende Argumentation (mindestens 7,39f. oder bereits 7,25ff.) und läßt sich daher näher als meta-argumentative Aussage bezeichnen. In 8,1 hingegen steht die meta-kommunikative Wendung οἴδαμεν ὅτι πάντες γνῶσιν ἔχομεν der soeben eröffneten Diskussion über das Götzenopfer noch unvermittelt gegenüber. Es handelt sich um eine allgemeine, zunächst nicht spezifizierbare meta-kommunikative Äußerung, die im Folgenden (8,1cf.) selbst Ausgangspunkt theologischer Differenzierungen wird.

1Kor 8,1b nennt also erstens – konvergent zu 7,40 – auf einer meta-kommunikativen Ebene die Ausgangsbedingungen der theologisch-ethischen Diskussion. 1Kor 8,1b entwikkelt dann aber zweitens, und zwar divergent zu 7,40, einen eigenständigen theologischen Propositionalgehalt (8,1c), der die Argumentationsfolge in 8,1ff. nicht nur reflektiert, sondern auch theologisch bestimmt. Dieser theologische Propositionalgehalt läßt sich auch als meta-kommunikativer Überschuß bezeichnen: „Mit dem meta-kommunikativen Überschuß sollen diejenigen Aussagen und Sprachformen [...] bezeichnet werden, die eigenständigen theologischen Propositionalgehalt haben" und die aus dem Zusammenhang meta-kommunikativer Überlegungen hervorgehen[10].

---

[10] E.-M. BECKER, Schreiben, 134.

## 3.  Die doppelte Textfunktion von 1Kor 8,1b

### 3.1  Die meta-kommunikative Funktion von 1Kor 8,1b

Der Argumentationskomplex von 1Kor 8,1–6 wird mit περὶ δέ – hier kataphorisch, nicht etwa konzessiv gebraucht[11] – eingeleitet, wodurch die Abgrenzung zum vorhergehenden Argumentationsgang verstärkt wird. Περὶ δέ ist in 1Kor 7ff. ein Textsignal, das deutlich einen Themenwechsel und damit auch eine Abgrenzung der einzelnen Perikopen und ihrer Argumentationsgänge von einander anzeigt.[12] 8,1 scheint demnach zunächst parallel zu 7,1 und 7,25 verstanden werden zu können. Doch sind signifikante Unterschiede zu den περὶ δέ-Wendungen in 7,1.25 erkennbar: In 7,1 reagiert Paulus explizit auf eine schriftliche Anfrage der Korinther. In 7,25 ist nicht mehr deutlich, ob Paulus wiederum auf eine konkrete Anfrage aus Korinth antwortet oder ob er seinerseits und von sich aus die Frage nach der Verheiratung von Mann und Frau angesichts der Kürze der Zeit aufgreift.

Gemeinsam ist 7,1.25 und 8,1 ihre Textfunktion – denn alle drei Aussagen stehen in einem *meta-kommunikativen* Zusammenhang: In 7,1 verweist Paulus auf das Schreiben der Korinther und begründet damit seine folgenden Überlegungen. Es handelt sich hierbei um eine *meta-textuelle* Aussage. In 7,25 verweist Paulus darauf, daß er *keine* ἐπιταγή des Herrn habe[13], und äußert stattdessen ähnlich wie dann in 7,40c seine γνώμη und qualifiziert sie – wiederum ähnlich zu 7,40c – näher. In 7,25.40c handelt es sich daher um den meta-kommunikativen Typus von Aussagen, die auf die aktuelle Argumentationsfolge bezogen sind (*meta-argumentative* Aussagen).

In 8,1b dagegen leitet Paulus seine Überlegungen nicht mit einer meta-argumentativen Aussage ein, die den Kommunikationszusammenhang bedenken und/oder seine apostolische Rede autorisieren soll. Vielmehr rekurriert er in 8,1b auf das christliche ‚Wir‘ der Erkenntnis, das die legiti-

---

[11] Vgl. A. LINDEMANN, Korintherbrief, 189.

[12] Vgl. E.-M. BECKER, Schreiben, 196f. Vgl. auch BDR § 229².

[13] Zum Begriff vgl. E.-M. BECKER, Schreiben, 227.

mierende Instanz für die folgenden Überlegungen über das Götzenopferfleisch (8,1–13) darstellt. Das ὅτι in 8,1b ist nicht rezitativ[14], sondern explikativ zu verstehen, denn die Wendung οἴδαμεν ὅτι dient ‚der Einführung einer allgemein bekannten und zugegebenen Tatsache' (vgl. ähnlich 2Kor 5,1; Röm 2,2; 3,19; 7,14; 8,22.28[15]). Paulus gebraucht eine ähnliche Konstruktion für rhetorische Fragen (vgl. 1Kor 3,16; 5,6; 6,2f.9.15f.19; 9,13.24).

In 1Kor 8,1a greift Paulus zwar vermutlich eine ihm von den Korinthern vorgegebene Thematik auf – darauf weist die Einleitung (περὶ δέ) hin[16]. Damit ist aber nicht zugleich gesagt, daß Paulus in 8,1b ein zusammenhängendes Zitat anführt, wie dies in der Forschung öfter diskutiert wird[17]. Die Annahme, Paulus gebe in 1Kor 8,1b ein Zitat aus Korinth wieder, ist von religionsgeschichtlicher und von kommunikationstheoretischer Bedeutung und muß daher sorgfältig diskutiert werden. Sollte nämlich Paulus in 1Kor 8,1b eine in Korinth geprägte Wendung aufgegriffen haben, so gäbe diese Aufschluß über die dortigen Gruppierungen und ihre theologischen Überzeugungen[18]. Dies würde zudem sprach- und kommunikationstheoretisch bedeuten, daß Paulus in V. 1bff. nicht selbständig formulierend tätig gewesen wäre, sondern einen ihm bereits vorliegenden Prä-Text aufgenommen hätte[19]. Der Wortlaut des korinthischen

---

[14] So W. Schrage, Brief, 225.

[15] Vgl. Bauer/Aland, Wörterbuch, 1127. Zu dem οἴδαμεν tritt zumeist δέ oder γάρ; dies ist in 1Kor 8,1 nicht der Fall, denn durch das περὶ δέ ist eine neue Thematik eröffnet.

[16] So weit ist z. B. H.-J. Klauck, Korintherbrief, 59, zuzustimmen, der dann aber 8,4 analog zu 8,1 als korinthischen „Slogan" versteht, a. a. O., 60f.

[17] So z. B. H. Lietzmann, Korinther, 37; C. Wolff, Brief, 168; W. Schrage, Brief, 220f.; O. Hofius, Gott, 171, der V. 1a.4–6.8 als Äußerung der Korinther versteht. H. Conzelmann, Brief, 166, sieht in V. 1ff. die Parole der Korinther, die die „theoretische Grundlage für die praktizierte Freiheit" gibt.

[18] Dies vermutet z. B. H.-J. Klauck, Herrenmahl, 244, der die Wendung πάντες γνῶσιν ἔχομεν in 8,1b als gnostisch klingendes Schlagwort der korinthischen Briefschreiber interpretiert.

[19] Zur Bedeutung des Prä-Textes in 2Kor 10,10 vgl. E.-M. Becker, Schreiben, 267f.

Briefes könnte an diesem Punkt dann sogar rekonstruiert
werden[20].

Ich stelle auf der Basis sprachlicher und struktureller Beobachtungen die Gegenthese auf und gehe davon aus, daß
1Kor 8,1.4 im vorliegenden Argumentationsgang eine paulinische Formulierung ist. Die Indizien dafür, daß es sich in
V. 1 *nicht* um ein korinthisches Zitat, sondern um eine paulinische Wendung handelt, lassen sich auf zwei Beobachtungen zur paulinischen Diktion stützen. Erstens leitet Paulus
Zitate, d. h. meta-textuelle Aussagen, zumeist erkennbar ein
(vgl. Röm 3,8; 1Kor 15,12; 2Kor 10,10; 1Thess 5,3), um sich
mit gegnerischen Meinungen kritisch auseinanderzusetzen.
Die Wendung εἰδέναι ὅτι ist zweitens als „die wichtigste
paulinische Lehreröffnungsformel"[21] zu betrachten. Beide
Beobachtungen sprechen also *gegen* die Vermutung, in 1Kor
8,1b liege das Zitat einer korinthischen Parole vor. Außerdem liegt in 8,1–6 keine Gruppenkennzeichnung vor. Eine
solche erfolgt erst in V. 7 (τινὲς … ἀσθενής) und V. 9 (τοῖς
ἀσθενέσιν), denn erst hier nennt Paulus die Gruppe schwa-
cher Christen, für die die zuvor vorgetragenen Überzeugungen ein Anstoß sind. In 8,1.4 gibt Paulus dagegen nicht nur
aus ‚neutraler' Sicht die Meinung einer Gruppe in Korinth
wieder, sondern identifiziert sich mit dieser Argumentation.
Er formuliert somit in 1Kor 8,1b ff. eine eigene einleitende
*propositio* zur Götzenopferfleischthematik, die – das läßt
sich jedoch nicht ausschließen – in ähnlicher Form in Korinth kursierte[22]. Diese Aussage hat im Kontext der paulinischen Argumentation eine meta-kommunikative Text-

---

[20] So bei H. Lietzmann, Korintherbrief, 37.
[21] O. Wischmeyer, Weg, 67 Anm. 145. W. Schrage, Brief, 221
Anm. 42, führt dagegen das vorangestellte περί an. Das Spezifikum von
8,1ff. besteht darin, daß Paulus zwar eine korinthische Thematik aufgreift, diese aber selbständig und mit dem Signal der Lehreröffnungsformel bearbeitet.
[22] Die Beobachtungen von K. Berger, Gegner, 394, zu evtl. Zitaten
von Gegnern lassen sich besser für die mögliche Wiedergabe von Äu-
ßerungen sympathisierender Gruppen anführen: „Da sich […] Zitate
aus gegnerischem Munde und Anspielungen methodisch kaum sicher
ermitteln lassen, muß man verstärkt davon ausgehen, daß die neutestamentlichen Texte Sprachmaterial bieten, welches Paulus und seinen
Gegnern […]" gemeinsam ist.

funktion (s. o.)[23] *und* entfaltet darüber hinaus einen eminent theologischen Propositionalgehalt, den ich als meta-kommunikativen Überschuß bezeichnet habe.

## 3.2 Die propositional-theologische Funktion von 1Kor 8,1b

Die Wendung οἴδαμεν ὅτι in 8,1b hat – wie gesehen – eine meta-kommunikative Funktion. Sie nennt die legitimierende Instanz, vor der Paulus die folgenden Überlegungen über das Götzenopferfleisch formuliert. Neben dieser kommunikativen Funktion entwickelt 1Kor 8,1b – im Rekurs auf allgemein-christliches Wissen (οἴδαμεν) – auch *propositional*, was diese legitimierende Instanz material ausmacht: ‚Wir alle haben *Gnosis*‘. Mit dieser Aussage legt Paulus die *theologische* Ausgangssituation für die nun folgende Diskussion über den Verzehr des Götzenopferfleisches dar.

Doch Paulus korrigiert diese Aussage unmittelbar kritisch (8,1b), ohne die Gnosis substantiell zu destruieren. Er grenzt, indem er die Agape *über* die Gnosis stellt (vgl. auch 13,2.4), die aktuelle Reichweite der Gnosis ein.[24] In 8,3.4 führt Paulus diese kritische Korrektur der Gnosis auf einer handlungsbezogenen Sprachebene – Paulus benutzt hier Verbalformen – fort: „Wenn jemand meint, etwas erkannt zu haben …“. Paulus formuliert diese Möglichkeit ‚exemplarisch-fiktiv‘ (τις)[25] in Form eines realen Bedingungssatzes. Die Verbalform δοκεῖ in V. 2 *korrigiert* und *individualisiert* das οἴδαμεν in V. 1[26]. Während das allgemeinchristliche Wir also Gnosis zu haben weiß (V. 1b), ist in V. 2 von dem möglichen Fall die Rede, daß jemand, ein Einzelner, etwas erkannt zu haben (resultatives Perfekt) meint. Diese Art des Erkennens entspricht aber nicht der *notwendi-*

---

[23] Vgl. zur Annahme, 8,1–3 seien von Paulus gestaltet, auch H. PROBST, Paulus, 113ff.

[24] Auch in dieser kritischen Korrektur der Gnosis läßt sich m. E. kein Hinweis darauf erkennen, daß 8,1a als Zitat zu verstehen ist, so A. LINDEMANN, Korintherbrief, 189f.

[25] Vgl. E.-M. BECKER, Schreiben, 186.

[26] Εἴ τις δοκεῖ „bezeichnet die subjektive Überzeugung oder Einbildung", W. SCHRAGE, Brief, 232, mit Verweis auf 3,18; 11,16; 14,37.

*gen* (δεῖ) Form des Erkennens.[27] Wiewohl die christliche Gemeinschaft gewiß sein kann, Erkenntnis zu haben, kann diese im Einzelfall, in dem der einzelne Christ auf seine Erkenntnis verweist, gerade nicht beansprucht werden. Die persönliche Meinung oder der individuelle Anspruch auf Erkenntnis ist also in der Logik der paulinischen Argumentation geradezu die Voraussetzung dafür, mit dem Erkennen noch nicht (οὔπω) begonnen zu haben (ingressiver Aorist). Erst wenn jemand – δέ ist hier konzessiv gebraucht – ‚den Gott' liebt, erfüllt er die Bedingung des richtigen Erkennens. Das richtige Erkennen besteht nicht darin, selbst erkennen zu können, sondern von Gott erkannt zu werden bzw. bereits erkannt zu sein (das resultative Perfekt von V. 2a wird mit ἔγνωσται in V. 3b wieder aufgenommen).

Wiewohl die christliche Gemeinde in theologischen und ethischen Kontroversen auf der Basis des Charismas der Gnosis agieren kann, wehrt Paulus jede mögliche *Instrumentalisierung* der Gnosis für theologisch-ethische Entscheidungsprozesse in doppelter Weise ab: Der Gnosis ist die Agape als Prinzip des οἰκοδομεῖν übergeordnet, und der individuelle Anspruch auf Gnosis ist außerhalb des Beziehungsgefüges: Gott – Mensch – christliche Gemeinde *per se* bedeutungslos.

1Kor 8,1–3 und 8,4 (s. u.) repräsentieren also zunächst nicht nur die geistige Haltung der sog. ‚Starken' in Korinth[28]. Im allgemein charismatischen Sinn kann Paulus die Gnosis vielmehr *allen* Christen in Korinth (πάντες) zusprechen. Erst in der konkreten Anwendung der γνῶσις auf den Umgang mit dem Götzenopferfleisch (8,7ff.) zeigt sich unter den ‚schwachen Christen' ein Mangel an Erkenntnis. Paulus adressiert 8,1–3 an die ‚Starken' *und* ‚Schwachen' in Korinth, korrigiert aber bereits hier unter Verweis auf die übergeordnete Agape den Einflußbereich und die Wirksamkeit der Gnosis.

---

[27] A. LINDEMANN, Korintherbrief, 190, versteht das δεῖ γνῶναι als eine „*göttliche* Norm" (mit Verweis auf Röm 8,26; 12,3 u. a.).

[28] Überhaupt erwähnt Paulus in 1Kor 8,1–13 – so wie in Röm 14 – zwar die ‚Schwachen', nicht aber die ‚Starken'. Das läßt vermuten, daß sich Paulus mit den nur selten als solche bezeichneten ‚Starken' identifiziert (z. B. Röm 15,1).

## 4. Die Redundanz und Explikation von 1Kor 8,1 in 8,4

### 4.1 Gnosis und Agape in 8,1–3

Was ist Inhalt und Funktion jener Gnosis, von der Paulus in 1Kor 8,1ff. spricht?

Sieht man von der meta-kommunikativen Funktion von 8,1b ab, so entwickelt die Wendung οἴδαμεν ὅτι πάντες γνῶσιν ἔχομεν einen theologischen Propositionalgehalt, in dem die Gnosis als Theologumenon erscheint und näher entfaltet wird. Paulus formuliert in der korinthischen Korrespondenz und darüber hinaus Aspekte seines Verständnisses von ‚Gnosis': Die Gnosis gehört zum Bereich der Charismen (vgl. 1Kor 12,8), sie ist auf Gott bezogen (2Kor 4,6; 10,5) und von Gott gegeben (2Kor 2,14). Sie „ist aber der ἀγάπη in ekklesiologischer (1Kor 8,1) und in anthropologischer Hinsicht (1Kor 13,2) sowie in apokalyptischer Perspektive (1Kor 13,8) unterstellt"[29]. Wie Paulus die Gnosis theologisch versteht und wertet, läßt sich zusammenhängend im Röm zeigen: „Die christliche γνῶσις ist für Paulus [...] durch die Rechtfertigungslehre gefüllt [vgl. Röm 10,2f.; Gal 2,16] [...] Sie ist bestimmt von der christologischen Interpretation der atl.-jüdischen εἰς θεός-Gnosis [...] Die klassische Formulierung dieser grundsätzlichen Umwertung der γνῶσις findet sich schon 1Kor 8,3: nicht mehr der Mensch erkennt Gott mittels seiner eigenen γνῶσις und gewinnt damit sein Heil, sondern Gott hat den Menschen erkannt [...]"[30]. Indem der Mensch auf die Gnosis Gottes, die in Liebe geschieht, in ebensolcher Agape antwortet, ist die Gnosis für Paulus keine soteriologische Größe. Sie untersteht und unterliegt der Agape, die die Spitze der eschatologisch relevanten Heilsgüter darstellt (1Kor 13,13).

In 1Kor 8,1–3 entwickelt Paulus die Gnosis als theologische Proposition. Das Wissen um die allgemein-christliche Gnosis bildet neben der meta-kommunikativen Textfunktion einen theologischen Propositionalgehalt aus, der die

---

[29] E.-M. BECKER, Schreiben, 246.
[30] O. WISCHMEYER, Weg, 63f.

Gnosis in ihrem Verhältnis zur Agape definiert und kritisiert. In 8,4ff. tritt gleichsam ‚nachträglich' ein weiterer Aspekt zum paulinischen Gnosis-Verständnis hinzu, der aus der jüdisch-hellenistischen Tradition stammt. Jüdisch-hellenistische Theologen und Philosophen wie Philon lehren, „das εἷς θεός sei die rechte γνῶσις θεοῦ". Sie zeigen sich bei dieser Lehre von der Argumentation der Stoa beeinflußt[31]. Versteht man 1Kor 8,1ff. von 8,4ff. her, wofür sprachlich-syntaktische und semantische Beobachtungen sprechen (s. u. *4.2.*), so ist das Theologumenon der Gnosis (V. 1b) mit dem Bekenntnis zu dem εἷς θεός (V. 4b) konnotiert. „Mit γνῶσις ist hier die Grundeinsicht des Monotheismus mit all seinen Konsequenzen gemeint"[32], historisch präzisiert: die Grundeinsicht des *jüdischen* Monotheismus.

## 4.2 Die Gnosis als ‚aufgeklärte Haltung' in 1Kor 8,4

In 8,4 nimmt Paulus die Struktur: περὶ ... τῶν εἰδωλοθύτων ... οἴδαμεν ὅτι ... von V. 1 wieder auf. Auch hier handelt es sich *nicht* um ein korinthisches Zitat[33], sondern Paulus rekurriert – analog zu V. 1 – auf ein allgemein-christliches Wissen. Der Bezugsgegenstand in V. 4 ist nicht mehr das εἰδωλόθυτον, sondern konkret die βρῶσις[34] des Götzenopferfleisches. Im Unterschied zu der kataphorischen Bedeutung von δέ in 8,1 findet sich in V. 4 die konsekutive Partikel οὖν, und im Unterschied zu den πάντες von V. 1 ist in V. 4 von οὐδέν und οὐδείς die Rede. V. 4 ist also in formaler, sprachlicher und semantischer Hinsicht *parallel, weiterführend, konkretisierend* und *antithetisch* zu V. 1 gestaltet. In diesen vier Aspekten verhält sich 8,4 zunächst *redundant* zu 8,1. Wie in V. 1b ist das ὅτι in V. 4b explikativ zu verstehen: Paulus rechnet die Aussage οὐδὲν εἴδωλον ἐν κόσμῳ καὶ

---

[31] O. Wischmeyer, Weg, 60.

[32] C. Wolff, Brief, 169.

[33] Vgl. auch H. Probst, Brief, 126ff. Gegen z. B. H.-J. Klauck, Korintherbrief, 60f., und ders., Pantheisten, 43; C. Wolff, Brief, 171; O. Hofius, Gott, 171f.

[34] Die sonstige Verwendung von βρῶσις bei Paulus ist jeweils konkret: Röm 14,17; 2Kor 9,10.

ὅτι οὐδεὶς θεὸς εἰ μὴ εἷς dem allgemein-christlichen Wissen (οἴδαμεν) zu. Auch dabei hat Paulus nicht nur die sog. ‚Starken' im Blick[35], sondern weist die Aussage dem Wissen und dem Bekenntnis *aller* korinthischen Christen zu. Gerade durch die antithetische Struktur von πάντες (V. 1b) und οὐδὲν ... οὐδείς (V. 4b) unterstreicht Paulus seine Aussage, daß *alle* Christen am Wissen von der *Nicht*-Existenz der Götterwelt teilhaben.

Beim Vergleich der Verse 1 und 4 tritt eine weitere Beobachtung, die Aufschluß über die theologische Bedeutung der Gnosis in 8,1ff. gibt, hinzu: Der Aussagegehalt des ὅτι-Satzes in V. 4b läßt sich – gerade aufgrund der parallelen Satzstruktur – als *Explikation* der γνῶσις von V. 1b verstehen (vgl. auch Röm 1,21–23)[36]. Es ergibt sich folgende Argumentationsstruktur:

V. 1    In Bezug auf das Götzenopfer
        – wir wissen (positiv)
        – daß wir alle γνῶσις haben
                (...)
V. 4    In Bezug auf das Essen des Götzenopfers
        – wir wissen (negativ)
        – daß kein Götze ... und kein Gott ... (existiert).

Die Gnosis von V. 1b wird in V. 4 mit der Aussage οὐδὲν εἴδωλον ἐν κόσμῳ καὶ ... οὐδεὶς θεὸς εἰ μὴ εἷς expliziert. So ist die Gnosis in V. 1 – von V. 4 her – als ‚aufgeklärte Geisteshaltung' zu verstehen[37], an der prinzipiell *alle* Christen in Korinth partizipieren können. Der ὅτι-Satz in V. 4 läßt sich traditionsgeschichtlich auf atl. Aussagen, die das Bekenntnis zu dem ‚Einen Gott' zum Ausdruck bringen (Dtn 4,35; Jes 44,8; 45,5), zurückführen.

Zusammenfassend ergibt sich: Der Begriff der γνῶσις wird in 1Kor 8,1–4 dreidimensional angewandt. In Bezug auf

---

[35] Wenn man V. 1.4 für ein korinthisches Zitat hält, so müßte freilich der Brief von den ‚Starken' in der Gemeinde geschrieben worden sein.

[36] Dies nimmt auch H.-J. KLAUCK, Herrenmahl, 244, an, der dann V. 4b – in Korrespondenz zu V. 1b – ebenso als Zitat aus dem Schreiben der korinthischen Gemeinde versteht.

[37] H. PROBST, Brief, 128, faßt οὐδέν prädikativ auf, so daß sich die Bedeutung: ‚ein Götze ist ein Unding' ergibt.

die eröffnete Diskussion über das Götzenopferfleisch
kommt ihm erstens eine meta-kommunikative Textfunktion
zu. Zweitens entwickelt er in 8,1–3 einen theologischen Propositionalgehalt, der durch die Relation zur Agape definiert
ist. Drittens expliziert Paulus in 8,4 rückwirkend den Inhalt
der Gnosis im konkreten Diskurs über den Verzehr des
Götzenopferfleisches – die Gnosis besteht im Bekenntnis zu
dem Einen Gott. Prinzipiell alle korinthischen Christen haben Anteil an dieser Gnosis.

## 5. Die Diskussion über das Götzenopferfleisch in 1Kor 8,1–13 und 1Kor 10

Nachdem die Gnosis als die Proposition analysiert wurde,
die die Argumentation in 8,1ff. leitet, wenden wir uns nun
der zweiten zentralen Proposition von 8,1–6, nämlich der
Götzenopferfleisch-Thematik, zu.

### 5.1 Herkunft und Bedeutung der Begriffe εἰδωλόθυτον und εἴδωλον in 1Kor 8,1.4

Der Begriff εἰδωλόθυτον findet als Substantiv Neutrum nur
in der frühjüdischen (4Makk 5,2) und christlichen Literatur
Verwendung.[38] Das Äquivalent aus dem Bereich heidnischer
Sprache ist der Begriff ἱερόθυτον, den Paulus lediglich einmal (1Kor 10,28) benutzt[39].
    Εἰδωλόθυτον begegnet im NT in 1Kor 8,1.4.7.10; 10,19,
in Apg 15,29; 21,25 und in Offb 2,14.20[40]. Die Grundbe-

---

[38] Neben den ntl. Belegen findet sich εἰδωλόθυτον in Did 6,3 und
besonders bei den patristischen Autoren (z. B. Clemens von Alexandria, Irenäus u. a.). In der außerchristlichen Literatur begegnet εἰδωλόθυτον zudem in den *Oracula Sibyllina* (II 96) und bei Ps.-Phokylides,
Sententiae 31.

[39] Vgl. auch H. Hübner, Art. εἴδωλον, 937. Er begegnet z. B. zweimal bei Plutarch (Regum et imperatorum apophthegmata 192C; Quaestiones convivales 729C), bei Pausanias (Graeciae descriptio VIII
42,12) u. a. Flavius Claudius Julianus verwendet εἰδωλόθυτον und
ἱερόθυτον (Contra Galilaeos, p. 222,14 bzw. 204,15 Neumann).

[40] Vgl. auch Liddell/Scott/Jones, 483, und Bauer/Aland, Wörter-

deutung des Lexems lautet: „alles, was den Götzen geopfert wird"[41]. In 1Kor 8.10 benennt Paulus insgesamt vier Situationen, in denen „sich das Problem der εἰδωλόθυτα ergeben konnte": die „Teilnahme an paganen Opfer- und Kultmahlen" (1Kor 10,14ff.), die Teilnahme an einem Gastmahl in einem ‚Götzenhaus' (1Kor 8,10), den Fleischverkauf im μάκελλον (1Kor 10,25) – es muß sich hierbei aber nicht grundsätzlich um Götzenopferfleisch handeln[42] – und die „private Einladung" (1Kor 10,27ff.).[43]

In 1Kor 8,1–10 ist mit εἰδωλόθυτον konkret das Opferfleisch gemeint. Dies wird spätestens in V.13 (βρῶμα ...), aber auch schon in V. 4a (περὶ τῆς βρώσεως ... τῶν εἰδωλοθύτων) deutlich.

Die Problematik des Verzehrs von Götzenopferfleisch besteht grundsätzlich darin, daß durch die Praxis des Tieropfers „das Fleischessen zur sakralen Mahlzeit wird"[44]. Im frühen Christentum wird diese Problematik zum einen von jüdischen, zum anderen von pagan-antiken Voraussetzungen her virulent. Das Verbot, Fleisch aus fremden Kultzusammenhängen zu verzehren, wird bereits im Pentateuch (Ex 34,15) formuliert[45]. Außerdem herrscht im *frühen Judentum* eine tiefe Abneigung vor der Berührung mit heidnischer Götterverehrung und Kultpraxis (vgl. z. B. 2Makk 6,7ff.). Fremde Götter werden sogar als Dämonen bezeichnet (Ps 95,5 LXX)[46]. Zum anderen aber kursiert in der *paganen Antike* die Vorstellung, die auch im Alten Israel bekannt ist (vgl. Lev 17,7; Dtn 32,17; Jes 65,3 LXX), im Bereich des Götzenopfers seien Dämonen zugegen (vgl. 1Kor 10,20)[47]. Zu dieser Vorstellung tragen zwei verschie-

---

buch, 446: „Es handelt s[ich] um Opferfleisch, das, nachdem die Götter ihr Teil erhalten hatten [...], teils bei feierl[ichem] Mahl im Tempel verzehrt wurde, teils auch auf den Markt kam, um dem häuslichen Gebr[auch] zu dienen".

[41] H.-J. KLAUCK, Herrenmahl, 241f. Hinweise zur neueren Literatur zu 1Kor 8–11 finden sich auch bei E. COYE STILL, ΕΙΔΩΛΟΘΥΤΑ.

[42] Vgl. dazu ausführlich D.-A. KOCH, „Alles, was ...", bes. 213f.

[43] D.-A. KOCH, Juden, 38–40, und DERS., „Alles, was ...", 216f.

[44] J. HAUSSLEITER, Vegetarismus, 13.

[45] Vgl. H. LÖHR, Speisenfrage, 20.

[46] H. GRESSMANN, ΚΟΙΝΩΝΙΑ, 225ff., führt Hos 12,12; 4,12; 5,4 an.

[47] Vgl. auch Porphyrios, De philosophia ex oraculis haurienda II,

dene dämonologische ‚Konzeptionen' bei[48]: Im Volksglauben Griechenlands mischten sich erstens göttliche und dämonische Wesen[49], bzw. Dämonen und Götter wurden gleichbehandelt und gleichbenannt[50]. Sie galten auch als Mittler zwischen Gott und Mensch[51] und konnten somit die Gemeinschaft von Göttern und Menschen herstellen[52], so daß im Bereich des Opfers und des Opfermahls nicht nur Götter, sondern auch Dämonen als präsent vorgestellt werden konnten. Plutarch bezeichnet die Dämonen als Diener der Götter und Vorsteher der Opfer (... δαίμονας νομίζωμεν ἐπισκόπους θεῶν ἱερῶν ..., De defectu oraculorum 13, 417A). Daraus entstand schließlich auch der Glaube, „Dämonen ergötzten sich an Mord und Menschenblut"[53]. Zweitens ist mit dem Speiseopfer der Ritus des Streuens der οὐλοχύται auf das Opfertier, den Altar und die Erde verbunden, der vermutlich die Funktion hatte, „die am Orte haftenden Dämonen, von denen man Schädigung oder Störung der O[pfer]-Handlung befürchtete, zu befriedigen und [...] abzulenken"[54].

In beiden Konzeptionen ist die Opferhandlung mit dämonologischen Vorstellungen besetzt. Die antike Kritik am Tieropfer (vgl. z. B. Pythagoras, Empedokles) und damit verbunden auch am Fleischverzehr steht primär mit asketischen Vorstellungen oder dem Glauben an die Seelenwanderung in einem Zusammenhang[55]. Neben den paganen Formen der Dämonologie zeigt sich Paulus auch von der jüdischen Furcht vor Dämonen beeinflußt. Diese Dämonen-

---

p. 147ff. Wolff; Eusebius, Praep. IX 23. Weitere Belege bei H. LIETZMANN, Korinther, 50f.

[48] Vgl. hierzu den Exkurs bei H.-J. KLAUCK, Herrenmahl, 266–268.

[49] So schon bei Homer, Il. I 222, als Synonym für θεός.

[50] Vgl. Homer, Od. XV 260; Dionysios von Halikarnassos, Ant. X 11; Plutarch, Numa 4,3.

[51] Vgl. z. B. Platon, Symp. 202d–e, oder Plutarch, De defectu oraculorum 13, 417. Vgl. auch F. ANDRES, Art. Daimon, 293f.302.

[52] Vgl. Plutarch, De defectu oraculorum 10, 415A. Weitere Belege bei H.-J. KLAUCK, Herrenmahl, 266ff.

[53] P. LAMPE, Implikationen, 591.

[54] L. ZIEHEN, Art. Opfer, 627.

[55] Vgl. J. N. BREMMER, Art. Opfer, 1244f.; R. PARKER, Miasma, 297ff.; J. HAUSSLEITER, Vegetarismus, 127ff., und C. SCHULZE, Art. Vegetarismus, 1155.

furcht geht auf atl. Vorstellungen (z. B. Dtn 32,17 LXX; Ps 95,5 LXX) und die Dämonologie des Frühen Judentums zurück. Im hellenistischen Judentum werden zudem Götter und δαιμόνια gleichgesetzt[56]. So kann Paulus einerseits zwar mythologische Vorstellungen kritisch-theologisch destruieren (1Kor 8,4b) und rechnet doch andererseits mit der Existenz von Dämonen (1Kor 10,19f.)[57].

Bei der Diskussion in Korinth über den Verzehr von Götzenopferfleisch werden die ‚Schwachen' – im Unterschied zu Offb 2 – als heidenchristliche Gruppe vorzustellen sein, die das Götzenopferfleisch nur in Verbindung mit der Vorstellung von Götter- oder Dämonenpräsenz verzehren konnte (vgl. auch 1Kor 8,7; 9,21f.).[58] Für die schwachen Christen in Korinth war nicht nur die Teilhabe am Schlachtopferakt, sondern auch der Verzehr des Fleisches im Bereich des Temenos (8,10) oder zu Hause (10,25ff.) eine Anfechtung ihres Gewissens (8,7.10).

Paulus selbst bewertet die beiden Vorgänge – Opferakt und Fleischverzehr – verschieden. In 1Kor 8,1–13 argumentiert er dezidiert anti-dämonologisch. Denn er stellt sich „Teilhaberschaft mit den Dämonen nur während des Schlachtopferaktes am Altar vor [...], nicht aber während des Verzehrs von Opferfleisch"[59] (vgl. nämlich 1Kor 10,20f.: ὅτι ἃ θύουσιν, δαιμονίοις ... οὐ θέλω δὲ ὑμᾶς κοινωνοὺς τῶν δαιμονίων γίνεσθαι.). Diese Vorstellung entspricht dem gemein-antiken Glauben, daß die Gemeinschaft zwischen Gott und den Menschen beim Opfer in dem Augenblick „zustande kam, in dem gleichzeitig das Altarfeuer die

---

[56] Vgl. J. Maier, Art. Geister, 637.

[57] Vgl. dazu auch E. Schweizer, Art. Geister, 695.

[58] Vgl. W. Schrage, Brief, 218; H. Löhr, Speisenfrage, 24. Anders akzentuiert bei C. Wolff, Brief, 166: „Es ist anzunehmen, daß Heidenchristen den Genuß des Opferfleisches weniger problematisierten als Judenchristen [...]". Die sog. Jakobus-Klauseln des Aposteldekrets können aus verschiedenen Gründen für den Zusammenhang von 1Kor 8 nicht angeführt werden, vgl. umfassend H. Löhr, Speisenfrage, 28ff. In Offb 2 hingegen wird offenbar auf eine Auseinandersetzung zwischen einer „stärker an der Tora orientierten und einer stärker libertinistisch ausgerichteten Position im frühen Christentum" angespielt, H. Löhr, a. a. O., 31.

[59] P. Lampe, Implikationen, 595.

für den Gott bestimmten Teile verzehrte und die Menschen die σπλάγχνα aßen, und die eigentliche Kommunion nur so lange dauerte, als dies geschah"[60]. Der Fleischverzehr außerhalb der Opferhandlung mußte Paulus also als unbedenklich erscheinen. Wenn er sich in 1Kor 8 trotzdem *gegen* den Verzehr des Götzenopferfleisches ausspricht, dann tut er dies primär aus anthropologischen und ekklesiologischen Erwägungen (8,7ff.), nämlich in Rücksichtnahme auf das Gewissen der schwachen Christen. Eine substantielle Kontamination von Götzenopferfleisch mit Dämonen oder Götzen jedoch schließt Paulus in 1Kor 8 zusätzlich dadurch aus, daß er sich auf die allgemein-christliche Gewißheit berufen kann, daß οὐδὲν εἴδωλον ἐν κόσμῳ καὶ ... οὐδεὶς θεὸς εἰ μὴ εἷς existiert.

Zur konkreten Frage nach dem Verzehr von Götzenopferfleisch äußert sich Paulus in 1Kor 8,1–6 also mit einer ‚intellektuellen' Überlegung, die sich auf christliches Wissen in Abgrenzung zur heidnischen Umwelt beruft. Im Unterschied zur sonstigen Verwendung des Begriffes εἴδωλον – Paulus spricht außer in 1Kor 8,4.7; 10,19 von den Götzen nur im Plural (1Thess 1,9; 1Kor 12,2; 2Kor 6,16; Röm 2,22) – schlägt Paulus in 1Kor 8, mit der Aussage: ‚Es gibt *kein* εἴδωλον auf der Welt' einen grundsätzlichen und verschärften Ton an. Εἴδωλον bezeichnet ein „überlebensgroßes Bildnis" oder in der platonischen Philosophie den „Abdruck der ersten Wahrnehmung im Bewußtsein"[61]. In der Sprache der LXX und des NT bezieht sich der Begriff auf das Götzenbild und steht im Zusammenhang mit dem atl. Bilderverbot[62]. So ist Eidolon „nicht nur das (Götter- oder Gottes-) Bild, sondern auch polemische Bezeichnung für die Gottheit selbst"[63]. In 1Kor 8,4 ist offenbar der Götze gemeint.[64] Für Paulus kommt den Götzen kein ‚Sein' zu[65] (vgl. auch Gal 4,8; 1Thess 1,9). Er verurteilt in der korinthischen Korrespondenz den Götzenkult, er warnt die Korinther davor

[60] L. Ziehen, Art. Opfer, 622.
[61] H. Kunz, Art. Eidolon, 911.
[62] Vgl. zum Begriff auch W. Schrage, Brief, 236f.
[63] A. Lindemann, Korintherbrief, 191.
[64] Vgl. auch Bauer/Aland, Wörterbuch, 446f.
[65] Gegen H. Conzelmann, Brief, 170.

(1Kor 10,7) und beklagt die ‚Anziehungskraft', die Götzen auf Christen haben können (1Kor 12,2).

## 5.2 Drei Lösungen der Götzenopferfleisch-Problematik in 1Kor 8 und 10

In 1Kor 8 und 10 schlägt Paulus drei verschiedene Lösungen der Götzenopferfleisch-Problematik vor: In 1Kor 8,4ff. argumentiert Paulus anti-dämonologisch und anti-mythologisch. Der Verzehr von geopfertem Fleisch ist daher prinzipiell gefahrlos. In 1Kor 10,20f.25ff. betrachtet Paulus das Opferfleisch als Gefährdung, sofern es im Akt der Opferhandlung verzehrt wird. Nach 1Kor 10,19f. sind für Paulus „die Dämonen die wahren Nutznießer des heidn[ischen] Kultes u[nd] der Opfer zu Ehren falscher Götter"[66]. In 1Kor 8,7–13 schließt Paulus die Möglichkeit des Fleischverzehrs aus anthropologischen (V. 7) und ekklesiologischen (V. 9f.) Erwägungen aus und zeigt die soteriologischen Konsequenzen auf. Die Erkenntnis über die Nicht-Existenz der Götter droht im Falle des Verzehrs von Götzenopferfleisch mißbraucht zu werden. Der schwache christliche Bruder wird des Heils des Christusgeschehens verlustig gehen (V. 11 ἀπόλλυμαι). Der Verzehr des Götzenopferfleisches unter Verweis auf die christliche Gnosis ist also eine *anthropologisch-ethische* Verletzung der συνείδησις des Bruders (V. 12) mit *soteriologischen* Folgen für den schwachen und für den starken Christen. Denn der Starke sündigt durch ein solches Verhalten an Christus. So widerspricht der Verzehr des Götzenopferfleisches dem *ekklesiologischen* Zusammenleben der Christen und wird zu einer heilsrelevanten Frage (V. 11–13).

---

[66] J.-C. FREDOUILLE, Art. Götzendienst, 867.

## 6. Herkunft und Funktion von εἷς θεός in 1Kor 8,4.6

Ich komme nun zu der Frage des Monotheismus in 1Kor 8. Welche Bedeutung hat die εἷς θεός-Formel in 1Kor 8,4.6 vor dem Hintergrund der umfassenden Götzenopferfleisch-Diskussion? Das Bekenntnis zum Monotheismus ist mit den beiden zuvor behandelten Propositionen der paulinischen Argumentation in 1Kor 8,1–6 – mit der Gnosis und der Götzenopferfleisch-Thematik – verbunden. Es expliziert die Gnosis von 8,1–3, und es dient einer ersten Lösung der Götzenopferfleisch-Diskussion in 8,1–4.

### 6.1 Εἷς θεός in 8,4.6 als Explikation und zweite Korrektur der Gnosis in 8,1–3

Inhalt der christlichen Gnosis ist das Wissen um die Nicht-Existenz der Götzen im Kosmos und um die Nicht-Existenz irgendeines Gottes außer dem ‚Einen' in 1Kor 8,4. Mit der adverbialen Näherbestimmung des εἴδωλον durch ἐν κόσμῳ wird die Sphäre der Götzen auf den immanenten Bereich festgelegt. Dem entspricht die Wendung εἰ μὴ εἷς. Die christliche Gnosis weiß, daß kein Gott existiert *außer dem Einen*. Damit ist in Bezug auf den θεός zugleich *ex negativo* gesagt, wer existiert: Es existiert der ‚Eine Gott'. Die Wendung in 8,4b schließt die Existenz jedes anderen Gottes neben dem jüdisch-christlichen Gott, d. h. jede Form des Polytheismus zunächst grundlegend aus. Εἷς hat sowohl eine nominale – der ‚Eine' Gott wird im Dtn zu der zentralen Form der Bezeichnung Gottes (vgl. Dtn 6,4) – als auch eine numerische Bedeutung, die den Polytheismus zugunsten des Monotheismus negiert.[67]

Beide grammatischen Aspekte des Zahlwortes εἷς werden in den VV. 5.6 aufgenommen und weitergeführt: der numerische Aspekt dadurch, daß die Exklusivität des jüdisch-christlichen Gottes (V. 6a) und die Exklusivität Jesu Christi (V. 6c) herausgestellt werden; der nominale Aspekt da-

---

[67] Die Aussage erinnert an den „radikalen Monotheismus" z. B. in Jes 44,6 LXX, so A. Lindemann, Korintherbrief, 191.

durch, daß der ‚eine Gott' und der ‚eine Herr' in Bezug auf ihren Namen (‚Vater' und ‚Jesus Christus') und in Bezug auf ihre Wirkmächtigkeit (V. 6b.d) näher charakterisiert werden.

In V. 5 wird dann die unbedingte Behauptung der Nicht-Existenz anderer Götter korrigiert[68]. Καὶ γὰρ εἴπερ hat hier konzessive Bedeutung[69]. Wie ist 8,5 mit 8,4 vereinbar? Die christliche Erkenntnis weiß um die Nicht-Existenz von Götzen und Göttern. Die Verse 5.6 dagegen verlassen – ähnlich wie die Verse 2.3, die die Reichweite der Gnosis innerchristlich prüften – den aktuellen Argumentationszusammenhang. In V. 5 argumentiert Paulus nun nicht mehr aus der ‚christlichen Innenperspektive' heraus – diese würde vermutlich nur nach einem anderen Gott neben dem Einen Gott fragen[70], sondern er führt in Form eines Erfahrungswissens (ὥσπερ hat eine korrelative Bedeutung)[71] eine ‚nicht-christliche Außenperspektive' ein.[72] Es handelt sich um eine ‚Außenperspektive', weil sie eine Erfahrung außerhalb des Erkenntnisbereichs der christlichen Gnosis wiedergibt. Danach sind irdische und himmlische Götter (8,5a) bekannt und benannt (λεγόμενοι), wenn auch Paulus hier λεγόμενοι als ‚fälschlich benannt' benutzt[73]. Mit λεγόμενοι bestreitet Paulus „die Würde und Gottheit dieser sogenannten Götter und Herren", nicht aber ihre weiterhin bestehende Existenz und Macht[74]. Denn für die nicht-

---

[68] W. SCHRAGE, Brief, 238, schließt hieraus, daß erst in V. 5 Paulus selbst spreche und daß die ὅτι-Sätze in V. 4 von den Korinthern stammen.

[69] Vgl. BDR § 454[2].

[70] A. LINDEMANN, Korintherbrief, 192, spricht in Bezug auf V. 4 von einem ‚theoretischen Monotheismus'.

[71] Vgl. BDR § 453, 1.

[72] H. MERKLEIN, Brief, 185, versteht V. 5 als Debatte über den ‚religiösen Diskurs der heidnischen Gesellschaft'.

[73] Λεγόμενοι hat die Bedeutung, die „Legitimität der religiösen Symbolwelt des Heidentums" in Frage zu stellen, so H. MERKLEIN, Brief, 185. Auch damit markiert Paulus, daß er eine ‚Außenperspektive' wiedergibt. Vgl. aber auch W. SCHRAGE, Einheit, 71f. „Sie können durchaus existent sein im Sinne des Vorhandenseins in der Welt und einer gewissen Mächtigkeit [...]", H. CONZELMANN, Brief, 170.

[74] W. SCHRAGE, Einheit, 72.

christliche Außenperspektive existiert eine Vielzahl an
Göttern und Herren (8,5b).[75]

Parallelisiert man 8,5b mit 8,5a, „könnte man die θεοί
dem himmlischen, die κύριοι dem irdischen Bereich zuord-
nen"[76]. Wenn aber κύριος als „hellenistisches Gottesprädikat" zu verstehen ist[77], fielen die κύριοι πολλοί und die θεοὶ
πολλοί zusammen. In der Tat ist festzustellen, daß Paulus
die ‚Götter' und die ‚Herren' kaum hinsichtlich ihres Status
unterscheidet. Die Differenz beider Begriffe liegt dann
höchstens darin, daß ‚Herr' ein „Verhältnisbegriff" ist, d. h.
das bezeichnet, „wovon Menschen sich abhängig machen
oder tatsächlich abhängig sind"[78].

Die nicht-christliche Außenperspektive hat neben den
hellenistischen auch atl.-jüdische Züge[79]. Heiden- und ju-
denchristliche Vorstellungen lassen sich also auch hier nicht
scharf trennen. In V. 5 gibt Paulus vermutlich das Wirklichkeitsverständnis der Schwachen in der Gemeinde, d. h. derer
‚ohne Gnosis' (V. 7), wieder.

Mit dem Exkurs in die nicht-christliche Außenperspektive
beschränkt Paulus ein zweites Mal die Reichweite der
christlichen Gnosis. In den Versen 2.3 ordnete er die Gnosis
der Agape unter (vgl. 1Kor 13,12). In V. 5 begrenzt Paulus
die Gnosis durch den Hinweis auf die Erfahrung nicht-
christlicher Wirklichkeit. Indem Paulus die Reichweite
christlicher Gnosis zweifach begrenzt, bereitet er die Überlegungen in V. 7ff. vor. Sie setzen bei den Christen in Korinth, die keine Gnosis haben, an. So trägt Paulus die eigentliche Lösung des Götzenopferfleisch-Problems erst in
8,7–13 vor.

---

[75] Vgl. z. B. Epikur bei Diogenes Laertios, X 123 (Brief an Menoi-
keus): θεοὶ μὲν γὰρ εἰσίν …

[76] H.-J. KLAUCK, Herrenmahl, 244. KLAUCK deutet die ‚Herren' dann
vom römischen Kaiserkult her, a. a. O., 245.

[77] So A. LINDEMANN, Korintherbrief, 192.

[78] W. FOERSTER, Art. κύριος, 1090.

[79] Auf entsprechende atl. Belege weist H.-J. KLAUCK, Herrenmahl,
245, hin: z. B. Ps 135,2f. LXX. Hinweise auf frühjüdische Zeugnisse, in
denen mit der Existenz und Macht von Göttern und Dämonen gerechnet wird, finden sich bei W. SCHRAGE, Einheit, 27ff.

6.2 Εἷς θεός als erste Lösung (8,1–4) und Überleitung zur zweiten Lösung (8,7–13) der Götzenopferfleisch-Diskussion

Mit der Aussage: οὐδεὶς θεὸς εἰ μὴ εἷς in 8,4b bietet Paulus eine erste Lösung der Götzenopferfleisch-Problematik an. Die christliche Gnosis weiß um die Nicht-Existenz irgendeines Gottes außer dem Einen Gott. Mit dieser kritisch-theologischen Aussage schließt Paulus die Gefährdung des Christen durch den Verzehr von Götzenopferfleisch aus und stellt jeder möglichen Form von außerchristlichem (Poly-) Theismus den christlichen Monotheismus gegenüber, der der jüdische ist.

Zugleich aber höhlt Paulus die aus der christlichen Gnosis gewonnene theologische Kritik an der polytheistischen Umwelt in doppelter Weise aus. Die Gnosis wurde erstens durch die Agape korrigiert (8,1–3). Zweitens wird das christliche Wirklichkeitsverständnis mit der außerchristlichen Erfahrungswelt konfrontiert (8,5). Durch diese doppelte Begrenzung der Gnosis reduziert Paulus eine an der Gnosis orientierte Lösung der Götzenopfer-Problematik soweit, daß er in 8,7ff. mit denen diskutieren kann, die sich im Umgang mit dem Götzenopferfleisch *nicht* kritisch-theologisch, d. h. auf der Basis der Gnosis, verhalten können.[80]

6.3 Zu Herkunft und Funktion der Bekenntnisformel in 8,6

Der Exkurs in das nicht-christliche Wirklichkeitsverständnis (V. 5) endet in V. 6 abrupt (ἀλλ᾽ ἡμῖν). Im Gang der Argumentation von 8,1–5 hat V. 6 die textpragmatische Funktion, die mindestens zwei Gruppen in Korinth durch eine Akklamation[81] bzw. ein Bekenntnis oder eine Bekenntnisformel[82] zu vereinen und dabei „identitätsstiftend" zu wirken[83].

---

[80] Insofern besteht der berechtigte Eindruck, erst V. 7 beginne die paulinische Argumentation, vgl. H. MERKLEIN, Brief, 192.

[81] Zum Begriff vgl. E. PETERSON, ΕΙΣ ΘΕΟΣ, 141ff. Vgl. auch W. SCHRAGE, Brief, 222f.

[82] So die Bezeichnung bei C. WOLFF, Brief, 172, und ähnlich als „Bekenntnisformel" bei H. CONZELMANN, Brief, 178.

[83] D.-A. KOCH, Juden, 54.

Worin besteht die in der Forschung zumeist kaum definierte Differenz zwischen *Akklamation* und *Bekenntnis* bzw. Bekenntnisformel? Das Bekennen hat kerygmatischen Charakter, es führt zu ausformulierten Bekenntnissen oder Bekenntnisformeln. Der Sitz im Leben der Bekenntnisformel „bleibt unbestimmt, da Verkündigung, Gottesdienst, Konversion und Initiation, Katechese, gemeinschaftliche Selbstdefinition, Konfrontationen innerhalb oder außerhalb der Gemeinde und Verfolgungssituationen [...] in Betracht zu ziehen sind"[84]. Akklamationen hingegen sind „Huldigungsrufe"[85] bzw. „Rufe einer großen Menge"[86], die in der griechisch-römischen Antike in zahlreichen Lebenskontexten beheimatet sind.[87] Die Unterschiede zwischen Akklamation und Bekenntnis liegen im Bereich von *Form und Funktion:* Die Akklamation ist „ein gemeinsamer Akt der kultisch versammelten Gemeinde, während die Bekenntnissätze so gut wie ausschließlich als Stellungnahme oder als Zeugnis eines Einzelnen überliefert sind"[88]. Während die Akklamation im religiösen Kontext spontan und geistgewirkt erfolgen kann, setzt das Bekenntnis eine zumindest in Ansätzen reflektierte Formulierung von christlichen Glaubensinhalten voraus. Akklamation und Bekenntnis lassen sich also zumindest in diesen Aspekten von einander trennen, auch wenn sie zumeist form- und gattungsspezifisch einander zugeordnet werden[89].

Ich möchte 1Kor 8,6 zunächst als ‚Bekenntnisformel' beschreiben, weil die Viergliedrigkeit des Verses über einen kurzen Akklamationsruf hinausgeht und weil sich der Vers in einem von 8,4 her bestimmten Argumentationszusammenhang befindet. Im vorliegenden Kontext von 1Kor 8

---

[84] J. Reumann, Art. Bekenntnis, 1249.

[85] J. Reumann, Art. Bekenntnis, 1249. Für E. Käsemann, Art. Formeln, 993, ist die Akklamation „der öffentliche, als inspiriert geltende und rechtliche verpflichtende Zuruf, mit dem [...] Epiphanie anerkannt wird".

[86] E. Peterson, ΕΙΣ ΘΕΟΣ, 141.

[87] Vgl. auch J. Schmidt, Art. acclamatio, 147ff. und T. Klauser, Art. Akklamation, 216ff.

[88] H. von Campenhausen, Bekenntnis, 225f.

[89] Vgl. z. B. J. Reumann in seinem Art. Bekenntnis oder H. von Campenhausen, Bekenntnis, 225ff.

stellt V. 6 also eine *Bekenntnisformel* dar. Sie ist aber, wie noch gezeigt wird, aus einem Akklamationsruf hervorgegangen (s. u.)[90].

Die Gruppe derer, mit denen Paulus sympathisiert, vertritt eine christliche, aus der Gnosis gewonnene Innenperspektive, aus der heraus sie theologische Kritik am Polytheismus und am religiösen Respekt vor dem Götzenopferfleisch übt. Die andere Gruppe steht für die in V. 5 skizzierte nicht-christliche Außenperspektive der schwachen Christen, die vermutlich wegen ihrer heidenchristlichen Wurzeln dem Götzenopferfleisch mit religiösem Ernst begegnet.

Das Bekenntnis in V. 6 hat soziologisch und theologisch eine *vereinigende* Funktion. Es vereinigt die zerstrittenen Gruppen durch eine gemeinsame Bekenntnisformel im Dienste der ἐκκλησία (zuletzt 7,17) und formuliert deren theologische bzw. christologische Basis.

Ich frage nun weiter nach der Herkunft von V. 6. Die Forschung ist hier uneinig. V. 6 gibt entweder eine „überkommene Formel"[91] oder erneut ein korinthisches Zitat wieder[92], oder sie stellt ein von Paulus selbst formuliertes Bekenntnis dar. Oder man läßt die Herkunftsbestimmung offen.[93] Der akklamatorische Stil, das „Motiv von der Schöpfungsmittlerschaft Christi"[94], das für Paulus ebenso wie singuläre Theologumena unüblich ist[95], und besonders „der über das argumentativ Erforderliche hinausschießende Inhalt" lassen vermuten, daß Paulus hier auf eine vorliegende Tradition zurückgreift[96]. Was beinhaltet diese Bekenntnisformel?

---

[90] Vgl. noch einmal J. REUMANN, Art. Bekenntnis, 1249, der diesen Umstand aus entgegengesetzter Richtung beschreibt: „... εἰς-Akklamationen werden bald zur Lehrnorm".

[91] H. MERKLEIN, Brief, 187.

[92] Vgl. z. B. H. MERKLEIN, Brief, 191.

[93] A. LINDEMANN, Korintherbrief, 192, läßt diese Frage offen.

[94] C. WOLFF, Brief, 172f. Dies Motiv kann auch als Hinweis darauf verstanden werden, daß das Bekenntnis in hellenistisch-judenchristlichen Kreisen formuliert wurde, so C. WOLFF, a. a. O., 175.

[95] Vgl. W. SCHRAGE, Brief, 222.

[96] So die Begründung bei H. MERKLEIN, Brief, 187. Der Sitz im Le-

Zunächst zu V. 6a.b: Der Dativ von ἡμῖν hat eine „konfessorische Bedeutung" (vgl. Jdt 8,20; Jub 12,19)[97]. Die Aussage von dem ‚Einen Gott' weist auf V. 4 und damit ebenso auf Dtn 6,4 (vgl. auch Mk 12,29) zurück. Für die Interpretation der Wendung εἷς θεός liegen mindestens zwei Vorschläge vor: Entweder ist εἷς als Zahlwort auf θεός zu beziehen und hat die Funktion eines adjektivischen Attributs. Oder εἷς fungiert als Subjekt, θεός wäre dazu das Prädikatsnomen, und εἷς θεός bzw. εἷς κύριος wären dann „reine Nominalsätze"[98]. Dem Einen Gott, der als Vater bezeichnet wird[99], werden in V. 6b protologisches und eschatologisches Handeln zugeschrieben. Parallelen dazu finden sich in atl. und frühjüdischen Texten[100]. In V. 6c.d fungiert – analog zu ὁ πατήρ in V. 6a – Christus als Apposition zu dem εἷς κύριος. Dies führt nicht schon – wie V. 6a – zu V. 4 zurück, sondern erinnert höchstens an die κύριοι in V. 5. Der Vergleichspunkt der κύριοι mit dem κύριος liegt in dem Abhängigkeitsverhältnis (s. o.). In der Perspektive eines solchen Abhängigkeitsverhältnisses zu einem κύριος wäre V. 6d als Paradoxie zu verstehen: In Umkehrung der üblichen Herrschaftsverhältnisse sind ‚wir' durch Christus gemacht. Daß Gott und Christus, obgleich sie parallelisiert werden, doch unterschieden sind, zeigen die unterschiedlichen Präpositionen in V. 6b.d. Die „enge Zuordnung" von Gott und Christus „bedeutet keine Identität"[101].

Das traditionsgeschichtliche Wachstum des vorpaulinischen Bekenntnisses läßt sich in drei Modellen vorstellen. Entweder stand am Anfang des Bekenntnisses die Aussage über Gott als Schöpfer, die dann christologisch um die Schöpfungsmittlerschaft des Sohnes erweitert wurde – dann

---

ben könnte die Taufe oder allgemein der Gottesdienst sein, vgl. MERKLEIN, a. a. O., 189.

[97] W. SCHRAGE, Einheit, 74f. Der Dativ könnte auch relational, als *dativus possessoris* oder – wie O. HOFIUS, Gott, 174, vorschlägt – in Verbindung mit οἴδαμεν ὅτι als *dativus iudicantis* verstanden werden.

[98] So O. HOFIUS, Gott, 175, mit Verweis auf 1Tim 2,5f.

[99] Diese Wendung muß kein christlicher Zusatz sein, sondern kann aus dem Judentum stammen, vgl. H. MERKLEIN, Brief, 188.

[100] Vgl. W. SCHRAGE, Einheit, 76f., mit Verweis auf Jes 41,4 u. a.; Josephus, Ap. II 190.

[101] W. SCHRAGE, Brief, 243.

ginge das Bekenntnis wesentlich auf jüdische Aussagen und Formen zurück. Oder die christologische Aussage bildete den Kern der Bekenntnisformel, die um die Aussage über das Schöpferwirken Gottes erweitert wurde[102]. Oder das Bekenntnis war von Anfang an zweigliedrig gestaltet[103]. Diese Frage wird bei der traditionsgeschichtlichen Herkunftsbestimmung der εἷς θεός-Formel noch einmal aufgenommen (s. u.). Festzuhalten ist hier zunächst, daß die Bekenntnisformel in 8,6 wahrscheinlich vorpaulinisch formuliert wurde und ihren Sitz im Leben im weitesten Sinne im Gottesdienst hatte[104]. Im Kontext von 8,1–6 hat sie die Funktion[105], zu einer Vereinigung der ‚starken‘ und der ‚schwachen‘ Christen in Korinth zu führen und dabei zugleich die theologische Basis, derer sich beide Gruppen gewiß sein können und sollen, zu konstatieren. Die Bekenntnisformel nimmt juden- und heidenchristliche Vorstellungen auf.

### 6.4 Εἷς θεός: Monotheismus und Henotheismus in 1Kor 8,4b und 8,6

Nachdem die traditionsgeschichtliche Frage nach der Herkunft der Bekenntnisformel in 1Kor 8,6 als ganzer diskutiert wurde, soll abschließend speziell nach der Verwurzelung der Wendungen οὐδεὶς θεὸς εἰ μὴ εἷς in 8,4b und εἷς θεός in 8,6a bzw. εἷς κύριος in 8,6c gefragt werden.

Für die εἷς θεός-Wendung in 8,6a werden *traditionsgeschichtliche* Wurzeln primär in monotheistischen Bekenntnissen Israels (Dtn 6,4 LXX) und des Frühen Judentums gesucht[106]. Einzelne Belege für diese Wendung finden sich

---

[102] Zur Diskussion vgl. z. B. W. SCHRAGE, Brief, 224f.

[103] Vgl. O. HOFIUS, Christus, 185.

[104] Vgl. dazu die oben bereits erwähnten Schwierigkeiten bei einer definiten Bestimmung des Sitzes im Leben.

[105] W. SCHRAGE, Brief, 244, sieht eine Funktion des Bekenntnisses darin, daß die Götzen – solange die Gemeinde am Bekenntnis festhält – „gebannt" seien.

[106] Vgl. z. B. Philon, SpecLeg IV 159; Ps.-Hekataios, Frgm. 3 (vgl. C. R. HOLLADAY, Fragments from Hellenistic Jewish Authors. Vol. I Historians, Chico 1983, 318): εἷς ἐστι θεός; ähnlich auch 2Makk 7,37: … μόνος αὐτὸς θεός ἐστιν. Vgl. insgesamt auch W. SCHRAGE, Brief, 222, und D. ZELLER, Gott, 34ff.

aber auch in der paganen griechischen Umwelt: Schon bei Xenophanes (Frgm. 23 Diels/Kranz) ist bekanntlich zu lesen: εἷς θεὸς ἔν τε θεοῖσι καὶ ἀνθρώποισι μέγιστος. Zumindest ein weiterer Beleg, der in der Forschung bisher m. W. nicht angeführt wurde, kann hier ergänzt werden. Heraklit schreibt vermutlich im 1. Jh. n. Chr. (All. 31,10): οὐ γὰρ εἷς θεὸς ἀνεβόησε τοσοῦτον, ἀλλ᾽ ἡ φεύγουσα μυρίανδρος οἶμαι τῶν βαρβάρων φάλαγξ.[107] Dieser dezidiert polytheistische Satz verrät gerade in seiner Polemik etwas von der monotheistischen Tendenz der zeitgenössischen Philosophie. Parallelen für das monotheistische Bekenntnis in 1Kor 8,6a finden sich also nicht allein im hellenistischen Judentum, sondern existieren in derselben Sprachform vereinzelt auch in der paganen Umwelt.

Die dahinterstehende *Idee* vom Monotheismus wird bereits in der ionischen Naturphilosophie und bei Platon vorbereitet[108]. In vorchristlicher Zeit begegnen monotheistische Vorstellungen oder Aussagen innerhalb *und* außerhalb des Judentums[109]. Die εἷς θεός-Verbindung in 1Kor 8,4b.6a entspricht in ihrem monotheistischen Aussagegehalt daher gleichermaßen juden- wie heidenchristlichem Gedankengut. Im Unterschied zum Judentum wird die εἷς θεός-Vorstellung in der paganen Antike mit einer polytheistischen Religion verbunden[110]. Eher auf jüdische Vorstellung geht die Verbin-

---

[107] Vereinzelte Belege aus der Historia Alexandri Magni möchte ich hier nicht anführen, da dies Werk des sog. Ps.-Kallisthenes vermutlich frühestens im 3. Jh. n. Chr., in Teilen deutlich später, entstanden ist.

[108] Vgl. D. ZELLER, Gott, 34f. und besonders 36ff. Bei Platon findet sich übrigens auch die an 1Kor 8,4b erinnernde Wendung: τοῦ εἰδέναι ὅτι οὐδεὶς θεὸς δύσνους ἀνθρώποις ..., vgl. Tht. 151d1, die in der Platon-Rezeption immer wieder aufgenommen wird, vgl. Plutarch, Platonicae quaestiones 999D etc.
Vgl. insgesamt die Beiträge von P. ATHANASSIADI/M. FREDE, Introduction; M. L. WEST, Monotheism; M. FREDE, Monotheism.

[109] In den Zauberpapyri und den Oracula Sibyllina muß die Zuweisung der εἷς θεός-Wendung zur jüdischen, christlichen oder paganen Tradition offen bleiben.

[110] Vgl. D. ZELLER, Gott, 43. Vgl. auch U. VON WILAMOWITZ-MOELLENDORFF, Glaube 2, 485 und 489f., in Bezug auf Epiktet und Maximus Tyrius.

dung des εἷς θεός mit einer ihn umgebenden Dämonenwelt (τὰ δαιμόνια in Jak 2,19) zurück[111].

Die εἷς θεός-Verbindung in 1Kor 8,4b und 8,6a entsprechen sich hinsichtlich ihrer Traditionsgeschichte, unterscheiden sich allerdings in Hinsicht auf ihre Stellung im Kontext. 8,4b befindet sich in einem argumentativen Lehrzusammenhang (οἴδαμεν ὅτι ...), 8,6a in einem Bekenntniszusammenhang. Diese Differenzierung weist noch einmal auf eine innerchristliche Entwicklung des monotheistischen Grundgedankens innerhalb von 1Kor 8,4–6 hin.

Die εἷς κύριος-Wendung muß nun traditionsgeschichtlich anders als die εἷς θεός-Wendung verortet werden. Die Analogien für die εἷς κύριος-Wendung in 1Kor 8,6c werden zumeist in der hellenistischen Umwelt gesucht.[112] Sie begegnen hauptsächlich in Form von Akklamationen in kultischen Zusammenhängen[113]. Es liegen weniger literarische als vielmehr epigraphische Textzeugnisse vor. Dieser Befund kann für die traditions- und formgeschichtliche Bestimmung der εἷς κύριος-Wendung bei Paulus ausgewertet werden. 8,6c läßt sich auf die Form der Akklamation, wie sie in hellenistischen Kultzusammenhängen begegnet, zurückführen (vgl. auch Apg 19,28.34; Röm 10,9; 1Kor 12,3; Phil 2,11)[114]. Die εἷς θεός-Wendung in 8,6a und ähnlich auch in 8,4b hingegen hat Vorläufer in literarischen bzw. philosophischen Texten, und zwar (früh-)jüdischer und pagan-antiker Provenienz.

Dieter Zeller versteht aufgrund formgeschichtlicher Beobachtungen die Gottesvorstellung in 8,6c als henotheistische, während er 8,6a als monotheistische Gottesprädikation bezeichnet[115].

Diese form- und traditionsgeschichtliche Differenzierung der εἷς θεός-Wendung und der εἷς κύριος-Wendung in 8,6a.c wirft ein neues Licht auf die oben erörterte Frage

---

[111] Vgl. auch R. Deichgräber, Art. Formeln, 259.

[112] Die Zurückhaltung des Judentums gegenüber der εἷς κύριος-Wendung zeigt sich an dem einzigen LXX-Beleg (Dan 3,17) und seiner Rezension bei Theodotion.

[113] Vgl. D. Zeller, Gott, 44ff. Vgl. auch W. Schrage, Brief, 222f.

[114] So bereits die noch immer grundlegende Untersuchung von E. Peterson, ΕΙΣ ΘΕΟΣ. Vgl. dazu auch den Beitrag von O. Wischmeyer im vorliegenden Band.

[115] Vgl. D. Zeller, Gott, 48.

nach der Genese der vorpaulinischen Bekenntnisformel in
8,6a–d. Der Kern dieser Formel könnte in einer henotheistisch ausgerichteten Christus-Akklamation bestanden haben (8,6c.d). Diese Akklamation ist ein hellenistisches Erbe
aus dem Bereich liturgischer bzw. kultischer Vollzüge. Die
Christus-Akklamation wurde vor Paulus, möglicherweise
erst von Paulus um die εἷς θεός-Aussage (8,6a.b), die vornehmlich auf jüdisches, aber auch auf hellenistisches Gedankengut zurückgreift, erweitert. Die εἷς θεός-Aussage
bringt die Idee des Monotheismus zum Ausdruck. Sie ist
formgeschichtlich der Bekenntnissprache mit der Funktion
der Gottesprädikation zuzuweisen. Durch die Zusammenstellung beider εἷς-Aussagen kommt es zu einer gegenseiti-
gen Überformung. Die Christus-Akklamation (8,6c.d) ver-
leiht der Gottesprädikation akklamatorische Züge, und die
Gottesprädikation (8,6a.b) stellt die Christus-Akklamation
in den Kontext einer Bekenntnisform. 1Kor 8,6a–d wird daher am besten als *,akklamatorische Bekenntnisformel'* zu bezeichnen sein. Im Lehrzusammenhang dagegen ist die εἷς
θεός-Aussage in 8,4b verortet.

Auf der Basis dieser form- und traditionsgeschichtlichen
Beobachtungen läßt sich in 1Kor 8,1–6 eine Entwicklung
von einer henotheistischen Akklamation (8,6c.d) zu einer
monotheistischen Gottesprädikation (8,6a.b) und schließlich
auch zu einer monotheistischen Lehraussage (8,4b) feststellen. Mit 1Kor 8,6 schafft Paulus eine untrennbare Verbindung der gottesdienstlichen Christus-Akklamation mit dem
monotheistischen Bekenntnis. In theologischer Hinsicht also
unterstützt Paulus die Erkenntnis der ,starken' Christen[116],
in Bezug auf die konkrete Frage des Fleischverzehrs ist er
darum bemüht, sowohl das Gewissen der ,Schwachen' als
auch die ,Starken' vor sich selbst zu schützen.

---

[116] Die Aussage in 8,6a entspricht weitgehend 8,4b.

## 7. Ergebnissicherung

Abschließend fasse ich die Überlegungen zur Entwicklung und Funktion des Monotheismus in 1 Kor 8, die sich aus der Exegese ergeben, in sechs Thesen zusammen.

(1) In 1 Kor 8,1–6 finden sich eine henotheistische Akklamation (8,6c) und zwei monotheistische Aussagen (8,4b.6a). Die εἷς κύριος-Akklamation entstammt dem frühchristlichen Gottesdienst. Sie wurde um die εἷς θεός-Gottesprädikation erweitert und bildet mit ihr zusammen in 1 Kor 8,6 eine akklamatorische Bekenntnisformel.

(2) In 8,4b nimmt Paulus den monotheistischen Grundgedanken der Bekenntnisformel in V. 6a im Rahmen einer lehrhaften Argumentation vorweg. Er kontrastiert diesen monotheistischen Grundgedanken mit einem Exkurs in die Außenperspektive der polytheistischen Erfahrungswelt (8,5).

(3) Die in 1 Kor 8,1–6 vorliegenden Aussagen zum Polytheismus, Henotheismus und Monotheismus stehen mit den beiden anderen zentralen theologischen Propositionen der paulinischen Argumentation: der Götzenopferfleisch-Problematik und der christlichen Gnosis in einem engen Wechselverhältnis.

(4) Im Wechselverhältnis dieser leitenden Propositionen macht Paulus *materialiter* vier eigenständige und unterschiedliche Aussagen über sein Verständnis vom Monotheismus:

a. Christen wissen auf der Basis der christlichen Gnosis, daß es keinen Gott gibt außer dem ‚Einen' (8,4b).

b. In der Außenwahrnehmung gibt es viele Götter und Herren (8,5b).

c. Selbst wenn sog. Götter oder Götzen existieren sollten, bekennt die christliche Gemeinde nur Einen Gott (8,5a.6a.b).

d. Obwohl in der Außenwahrnehmung viele Götter und Herren existieren, bekennt die christliche Gemeinde nur Einen Gott und Einen Herrn (8,5b.6).

(5) Mit diesen Aussagen ordnet Paulus Poly-, Heno- und Monotheismus einander wie folgt zu: Paulus unterstützt auf der Basis der christlichen Gnosis das Wissen um den Mo-

notheismus (8,4b). Paulus schließt mit Rücksicht auf die nicht-christliche Außenperspektive die Wahrnehmung einer polytheistischen Außenwelt nicht aus (8,5). An den Grenzen christlicher Gnosis propagiert Paulus eine Bekenntnisformel. Darin wird die henotheistisch ausgerichtete Christus-Akklamation über den christlichen Gottesdienst hinaus um ein monotheistisches Bekenntnis erweitert, so wie die christliche Einsicht in den Monotheismus von 8,4b nun der Akklamation des christlichen Gottesdienstes zugewiesen wird (8,6a–d). Die Christus-Akklamation wird dadurch untrennbar mit dem monotheistischen Bekenntnis verbunden.

(6) Die akklamatorische Bekenntnisformel in 8,6 stellt soziologisch und theologisch die Basis dar, von der her Paulus die Götzenopferfleisch-Problematik abschließend lösen kann, nachdem er die christliche Gnosis zweifach deutlich an ihre Grenzen verwies. Im ethischen Diskurs über den Verzehr des Götzenopferfleisches wird die συνείδησις des einzelnen Christen zum anthropologischen, ekklesiologischen, christologischen und zuletzt auch soteriologischen Indikator (8,7–13).

## Bibliographie

ALAND, B.: Gnostischer Polytheismus oder gnostischer Monotheismus?: M. Krebernik/J. van Oorschot (Hg.), Polytheismus und Monotheismus in den Religionen des Vorderen Orients, Münster 2002 (AOAT 298), 195–208.

ANDRES, F.: Art. Daimon: PRE.S 3 (1918), 267–322.

ATHANASSIADI, P./FREDE, M.: Introduction: Dies. (Ed.), Pagan Monotheism in Late Antiquity, Oxford 1999, 1–20.

AUFFARTH, C.: Art. Henotheismus/Monolatrie: HRWG 3 (1993), 104–105.

BECKER, E.-M.: Schreiben und Verstehen. Paulinische Briefhermeneutik im Zweiten Korintherbrief, Tübingen/Basel 2002 (NET 4).

DIES.: Letter Hermeneutics in Second Corinthians. Studies in Literarkritik and communication theory, London 2004 (JSNT.S 279).

BERGER, K.: Die impliziten Gegner. Zur Methode des Erschließens von „Gegnern" in neutestamentlichen Texten: Kirche. FS G. Bornkamm, hg. v. D. Lührmann/G. Strecker, Tübingen 1980, 373–400.

BREMMER, J. N.: Art. Opfer III. Griechenland: DNP 8 (2000), 1240–1246.

CAMPENHAUSEN, H. VON: Das Bekenntnis im Urchristentum: ZNW 63 (1972), 210–253.

CONZELMANN, H.: Der erste Brief an die Korinther, Göttingen ²1981 (KEK 5).

COYE STILL, E.: Paul's Aims Regarding Εἰδωλόθυτα. A New Proposal for Interpreting 1 Corinthians 8:1–11:1: NT 44 (2002), 333–343.

DEICHGRÄBER, R.: Art. Formeln, Liturgische II. Neues Testament und Alte Kirche: TRE 11 (1983), 256–263.

DIETRICH, W.: Über Werden und Wesen des biblischen Monotheismus. Religionsgeschichtliche und theologische Perspektiven: Ders./ M. A. Klopfenstein (Hg.), Ein Gott allein? JHWH-Verehrung und biblischer Monotheismus im Kontext der israelitischen und altorientalischen Religionsgeschichte, Freiburg/Göttingen 1994 (OBO 139), 13–30.

FOERSTER, W.: Art. κύριος κτλ.: ThWNT 3 (1938), 1081–1098.

FREDE, M.: Monotheism and Pagan Philosophy in Later Antiquity: P. Athanassiadi/M. Frede (Ed.), Pagan Monotheism in Late Antiquity, Oxford 1999, 41–67.

FREDOUILLE, J.-C.: Art. Götzendienst: RAC 11 (1981), 828–895.

GLADIGOW, B.: Art. Polytheismus: HRWG 4 (1998), 321–330.

DERS.: Art. Gottesvorstellungen: HRWG 3 (1993), 32–49.

GRESSMANN, H.: Η ΚΟΙΝΩΝΙΑ ΤΩΝ ΔΑΙΜΟΝΙΩΝ: ZNW 20 (1921), 224–230.

HAUSSLEITER, J.: Der Vegetarismus in der Antike, Berlin 1935 (RGVV 24).

HOFIUS, O.: „Einer ist Gott – Einer ist Herr". Erwägungen zu Struktur und Aussage des Bekenntnisses 1 Kor 8,6: DERS., Paulusstudien Bd. 2, Tübingen 2002 (WUNT 143), 167–180.

DERS., Christus als Schöpfungsmittler und Erlösungsmittler. Das Bekenntnis 1 Kor 8,6 im Kontext der paulinischen Theologie: DERS., Paulusstudien Bd. 2, Tübingen 2002 (WUNT 143), 181–192.

HÜBNER, H.: Art. Monotheismus und Polytheismus III. Neues Testament: RGG⁴ 5 (2002), 1462–1463.

DERS., Art. εἴδωλον: EWNT 1 (1980), 936–941.

KÄSEMANN, E.: Art. Formeln. II. Liturgische Formeln im NT: RGG³ 2 (1958), 993–996.

KLAUCK, H.-J.: Herrenmahl und hellenistischer Kult. Eine religionsgeschichtliche Untersuchung zum ersten Korintherbrief, Münster ²1982 (NTA 15).

DERS. (Hg.), Monotheismus und Christologie. Zur Gottesfrage im hellenistischen Judentum und im Urchristentum, Freiburg etc. 1992 (QD 138).

DERS., 1. Korintherbrief, Würzburg 1984 (NEB.NT 7).

KLAUSER, T.: Art. Akklamation: RAC 1 (1950), 216–233.

KREBERNIK, M./OORSCHOT, J. VAN (Hg.): Polytheismus und Monotheismus in den Religionen des Vorderen Orients, Münster 2002 (AOAT 298).

KUNZ, H.: Art. Eidolon: DNP 3 (1997), 911.

LAMPE, P.: Die dämonologischen Implikationen von I Korinther 8 und 10 vor dem Hintergrund paganer Zeugnisse: Die Dämonen. Die Dämonologie der israelitisch-jüdischen und frühchristlichen Literatur im Kontext ihrer Umwelt, hg. v. A. Lange u. a., Tübingen 2003, 584–599.

LANG, B.: Art. Monotheismus: HRWG 4 (1998), 148–165.

LIETZMANN, H.: An die Korinther I/II, Tübingen ⁵1969 (HNT 9).

LINDEMANN, A.: Der Erste Korintherbrief, Tübingen 2000 (HNT 9/1).

LÖHR, H.: Speisenfrage und Tora im Judentum des Zweiten Tempels und im entstehenden Christentum: ZNW 94 (2003), 17–37.

MAIER, J.: Art. Geister (Dämonen) III.b. Frühes u. hellenistisches Judentum: RAC 9 (1976), 626–640.

MARKSCHIES, C.: Heis Theos – Ein Gott?: M. Krebernik/J. van Oorschot (Hg.), Polytheismus und Monotheismus in den Religionen des Vorderen Orients, Münster 2002 (AOAT 298), 209–234.

MERKLEIN, H.: Der erste Brief an die Korinther Kapitel 5,1–11,1, Gütersloh 2000 (ÖTK 7/2).

MITCHELL, S.: The Cult of Theos Hypsistos between Pagans, Jews, and Christians: P. Athanassiadi/M. Frede (Ed.), Pagan Monotheism in Late Antiquity, Oxford 1999, 81–148.

OORSCHOT, J. VAN: ‚Höre Israel…' (Dtn 6,4f.) Der eine und einzige Gott Israels im Widerstreit: M. Krebernik/J. van Oorschot (Hg.), Polytheismus und Monotheismus in den Religionen des Vorderen Orients, Münster 2002 (AOAT 298), 113–135.

PARKER, R.: Miasma. Pollution and Purification in early Greek Religion, Oxford 1983.

PETERSON, E.: ΕΙΣ ΘΕΟΣ. Epigraphische, formgeschichtliche und religionsgeschichtliche Untersuchungen, Göttingen 1926 (FRLANT 24).

PROBST, H.: Paulus und der Brief. Die Rhetorik des antiken Briefes als Form der paulinischen Korintherkorrespondenz (1Kor 8–10), Tübingen 1991 (WUNT 2.45).

REUMANN, J.: Art. Bekenntnis II. Bibel 2. Neues Testament: RGG⁴ 1 (1998), 1248–1249.

SCHMIDT, J.: Art. acclamatio: PRE 1 (1894), 147–150.

SCHNELLE, U.: Einleitung in das Neue Testament, Göttingen ⁴2002 (UTB 1830).

SCHWEIZER, E.: Art. Geister (Dämonen) C. I. Neues Testament: RAC 9 (1976), 688–700.

SCHRAGE, W.: Der erste Brief an die Korinther (1Kor 6,12–11,16), Neukirchen-Vluyn 1995 (EKK VII/2).

DERS., Unterwegs zur Einheit und Einzigkeit Gottes. Zum ‚Monotheismus' des Paulus und seiner alttestamentlich-frühjüdischen Tradition, Neukirchen-Vluyn 2002 (BThSt 48).

SCHULZE, C.: Art. Vegetarismus: DNP 12/1 (2002), 1154–1155.

STOLZ, F.: Einführung in den biblischen Monotheismus, Darmstadt 1996.

DERS., Der Monotheismus Israels im Kontext der altorientalischen Religionsgeschichte – Tendenzen neuerer Forschung: W. Dietrich/ M. A. Klopfenstein (Hg.), Ein Gott allein? JHWH-Verehrung und biblischer Monotheismus im Kontext der israelitischen und altorientalischen Religionsgeschichte, Freiburg/Göttingen 1994 (OBO 139), 33–50.

WEST, M. L.: Towards Monotheism: P. Athanassiadi/M. Frede (Ed.), Pagan Monotheism in Late Antiquity, Oxford 1999, 21–40.

WILAMOWITZ-MOELLENDORFF, U. VON: Der Glaube der Hellenen, 2 Bde., Darmstadt ³1959.

WISCHMEYER, O.: Der höchste Weg. Das 13. Kapitel des 1. Korintherbriefes, Gütersloh 1981 (StNT 13).

WOLFF, C.: Der erste Brief des Paulus an die Korinther, Leipzig 1996 (ThHK 7).

ZELLER, D.: Der eine Gott und der eine Herr Jesus Christus. Religionsgeschichtliche Überlegungen: Der lebendige Gott. FS W. Thüsing zum 75. Geburtstag, hg. v. T. Söding, Münster 1996 (NTA.NF 31), 34–49.

ZIEHEN, L.: Art. Opfer: PRE 18.1 (1942), 579–627.

Ralph Brucker

# Jesus als Gott

ΘΕΟΣ als christologischer Hoheitstitel und seine
Implikationen für den neutestamentlichen Monotheismus

*In Gedenken an Henning Paulsen (1944–1994)*

1951 hielt Rudolf Bultmann einen Vortrag über das in Amsterdam beschlossene christologische Bekenntnis des Ökumenischen Rates der Kirchen.[1] Die Aufgabe des Vortrags
war, „zu prüfen, ob diese Bekenntnisformulierung dem
Neuen Testament entspricht"[2]. Das Bekenntnis lautet: „Der
Ökumenische Rat der Kirchen setzt sich zusammen aus Kirchen, die Jesus Christus als Gott und Heiland anerkennen."
Bultmann kritisiert beide hier verwendeten christologischen
Titel: „Heiland" sei sehr allgemein und außerdem als Wort
„aus dem deutschen Sprachgebrauch verschwunden [...]
und zu einer Chiffre geworden"[3]. „Gott" sei im NT keine
unumstrittene Prädikation: Neben den zweifelhaften Stellen
Tit 2,13; 2Thess 1,12 und 2Petr 1,1 gebe es nur eine „einzige
sichere Stelle", nämlich das Bekenntnis des Thomas in Joh
20,28 („Mein Herr und mein Gott!").[4] Erst bei den Apostolischen Vätern, besonders bei Ignatius, beginne „das glatte,
eindeutige Reden von Jesus Christus als ‚unserm Gott'".[5] Im
Neuen Testament stünden dagegen andere Titel im Vorder-

---

[1] BULTMANN, Das christologische Bekenntnis.

[2] A. a. O. 246.

[3] A. a. O. 247.

[4] A. a. O. 248f. BULTMANN spart hier Joh 1,1 aus, mit dem er jedoch
den Aufsatz beendet (261: „er ist das Wort, und als solches ist er
Gott"). Bei Tit 2,13; 2Thess 1,12 und 2Petr 1,1 stelle sich jedesmal die
Frage, „ob man korrekt [nach der Grammatik] übersetzen soll oder ob
zwei Größen, zwei Personen, gemeint sind" (248). – In BULTMANNS zur
selben Zeit entstandener „Theologie des Neuen Testaments", 131, liest
man's etwas anders: „Außer Joh 1,1 [...] und Joh 20,28 [...] wird ϑεός
von Christus – wenigstens nach wahrscheinlicher Exegese – nur 2. Th
1, 12; Tit 2, 13; 2. Pt 1, 1 ausgesagt".

[5] A. a. O. 248f. – Zu Ignatius siehe jetzt den Exkurs „Die Gottheit
Christi" bei PAULSEN, HNT 18, 23f.

grund, die Bultmann nach ihrer Herkunft aus dem palästini-
schen und dem hellenistischen Urchristentum untergliedert.[6]
Auch dort, wo hellenistisch von Jesu „göttlicher Gestalt"
bzw. von Jesus als „Bild" oder „Abglanz" Gottes die Rede
sei, sei es „klar, daß Christus als Gott untergeordnet gedacht
ist, und zwar ganz selbstverständlich"[7]. Entscheidend ist für
Bultmann, daß alle diese Titel nicht als Aussagen über die
„Natur" Jesu, sondern über seine „Bedeutsamkeit" verstanden werden sollen.[8]

Wird Jesus im Neuen Testament denn nun explizit als
„Gott" (θεός) bezeichnet – und lassen sich dafür wirklich
nur eine einzige sichere und drei umstrittene Stellen anführen? Dieser in der Forschung nicht allzu oft umfassend behandelten Frage soll auf den folgenden Seiten nachgegan-
gen werden. Raymond E. Brown hat sich ihr 1965 in einem
sehr klar strukturierten Aufsatz gewidmet.[9] 1992 hat Murray
J. Harris eine Monographie vorgelegt, in der alle in Frage
kommenden Stellen – es sind doch deutlich mehr als drei –
noch einmal ausführlich erörtert werden.[10]

Im folgenden schließe ich mich in der Anordnung des
Materials zunächst Brown an (I–III), ziehe dabei aber schon
Harris sowie weitere und vor allem neuere Forschungslite-
ratur heran. Anschließend wird die Textbasis anhand der
Arbeit von Harris um weitere in der Forschung diskutierte
Stellen ergänzt (IV). Am Schluß stehen Überlegungen dazu,
was die Bezeichnung Jesu als „Gott" für den biblischen Mo-
notheismus bedeutet (V).

---

[6] A. a. O. 249–252. – Die klassische Studie auf dieser Linie ist inzwi-
schen HAHN, Christologische Hoheitstitel. Sie befaßt sich mit den
Titeln „Menschensohn", „Kyrios", „Christos", „Davidssohn" und „Got-
tessohn", jedoch ausdrücklich nicht mit „Heiland" (σωτήρ) oder
„Gott" (θεός). Anders CULLMANN, Christologie (Heiland: 245–252,
Gott: 314–323).

[7] A. a. O. 251.

[8] A. a. O. 252–261.

[9] BROWN, Does the New Testament Call Jesus God? (im folgenden
nur als BROWN angeführt). – Vor ihm haben sich A. W. WAINWRIGHT,
The Confession 'Jesus is God' in the New Testament (1957), und VIN-
CENT TAYLOR, Does the New Testament Call Jesus God? (1961/62), der
Frage in eigenen Aufsätzen gewidmet, wobei letzterer mit drei Seiten
auskommt. Vgl. noch STAUFFER, ThWNT III (1939), 105–107.

[10] HARRIS, Jesus as God (im folgenden nur als HARRIS angeführt).

# I. Stellen, an denen der Titel „Gott" ausdrücklich nicht für Jesus verwendet wird

Brown beginnt seine Untersuchung bemerkenswerterweise mit einem Abschnitt über Textstellen, die gerade *nicht* nahelegen, daß Jesus im Neuen Testament als „Gott" angesehen wird.[11] Er macht auf folgenden Befund aufmerksam:

Wenn im Neuen Testament von „Gott" die Rede ist, so ist damit in aller Regel Gott, der „Vater", d. h. der aus den Schriften Israels bekannte Gott gemeint. Es gibt im Neuen Testament eine weithin zu beobachtende Tendenz, Jesus deutlich von diesem zu unterscheiden.

Dies läßt sich an einigen Stellen gut illustrieren:

1) Mk 10,18 par. Lk 18,19: Auf die Anrede als „guter Meister" antwortet Jesus abwehrend: οὐδεὶς ἀγαθὸς εἰ μὴ εἷς ὁ θεός, was man übersetzen kann: „Niemand ist gut als Gott allein" (so die Lutherbibel) oder „... außer Gott, dem Einen" (so die Einheitsübersetzung).[12] So oder so würde man von dieser Stelle her jedenfalls nicht annehmen, daß der Evangelist Jesus selbst als „Gott" ansieht.

2) Mk 15,34 par. Mt 27,46: Am Kreuz redet Jesus Gott an: „Mein Gott, mein Gott, warum hast du mich verlassen?" Geht die Bezeichnung „mein Gott" hier noch auf das Psalmzitat (Ps 21[22],1) zurück, so findet sie sich doch im Munde Jesu auch in Joh 20,17 („Ich fahre auf zu meinem Vater und eurem Vater, meinem Gott und eurem Gott").

3) Die letztgenannte Wendung kommt auch in der dritten Person vor: Mehrmals in der Eulogie „Gepriesen sei der Gott und Vater unseres Herrn Jesus Christus" (2Kor 1,3; Eph 1,3; 1Petr 1,3), noch eindrucksvoller jedoch Eph 1,17: „Der Gott unseres Herrn Jesus Christus, der Vater der Herrlichkeit".

4) An einigen Stellen ergibt sich eine klare Unterscheidung zwischen Gott und Christus durch unmittelbare Gegenüberstellung: Joh 17,3 unterscheidet „den allein wahrhaftigen Gott und den, den er gesandt hat"; 1Kor 8,6 unterscheidet *„einen* Gott, den Vater [...] und *einen* Herrn,

---

[11] Vgl. Brown, 548–551.

[12] In Mt 19,17 ist die Reaktion Jesu umformuliert: „Was fragst du mich nach dem Guten? (Nur) *einer* ist der Gute."

Jesus Christus"[13]; ähnlich ist in Eph 4,4–6 „*ein* Herr" und „ein Gott und Vater aller Dinge" unterschieden[14]; 1Tim 2,5 stellt den „Menschen Christus Jesus" als den „*einen* Mittler" zwischen dem „*einen* Gott" und den Menschen dar.

5) Schließlich sind ein paar Stellen zu nennen, an denen eine klare Unterordnung Jesu unter Gott konstatiert wird: Joh 14,28 („Der Vater ist größer als ich"); Mk 13,32 („Von jenem Tag aber oder der Stunde weiß niemand, auch nicht die Engel im Himmel, auch nicht der Sohn, sondern nur der Vater"); Phil 2,5–11 (Christus Jesus war zunächst „in Gottesgestalt" [ἐν μορφῇ θεοῦ], erniedrigte sich zur „Sklavengestalt" [μορφὴ δούλου], wurde „gehorsam bis zum Tod am Kreuz", dafür von Gott über die Maßen erhöht und wird schließlich von allen Wesen als κύριος verehrt – „zur Ehre Gottes, des Vaters"); 1Kor 15,28 („Wenn ihm aber alles unterworfen ist, dann wird auch der Sohn selbst dem unterworfen sein, der ihm alles unterworfen hat, damit Gott alles in allem sei").

## II.  Stellen, an denen „Gott" als Titel für Jesus strittig ist

Die in der Frage nach Jesus als „Gott" umstrittenen Stellen lassen sich in *textkritische* und *syntaktische* Zweifelsfälle unterteilen.

## A)  Textkritische Zweifelsfälle

### *1)  Gal 2,20*

ζῶ δὲ οὐκέτι ἐγώ, ζῇ δὲ ἐν ἐμοὶ Χριστός· ὃ δὲ νῦν ζῶ ἐν σαρκί, ἐν πίστει ζῶ τῇ τοῦ υἱοῦ τοῦ θεοῦ τοῦ ἀγαπήσαντός με καὶ παραδόντος ἑαυτὸν ὑπὲρ ἐμοῦ.[15]

---

[13] Zu dieser Stelle siehe den Beitrag von EVE-MARIE BECKER im vorliegenden Band.

[14] Dazu im vorliegenden Band der Beitrag von GERHARD SELLIN, bes. S. 50f. (auch im direkten Vergleich mit 1Kor 8,6).

[15] Für die Anführung der neutestamentlichen Textstellen ist im folgenden NA[27] als Standardausgabe zugrundegelegt (im Text, jedoch

„Nicht mehr ich lebe aber, Christus aber lebt in mir; was ich aber jetzt im Fleisch lebe, lebe ich im Glauben an den Sohn Gottes, der mich geliebt und sich selbst für mich hingegeben hat."

𝔓⁴⁶, B, D*, F, G, Marius Victorinus sowie einzelne lateinische Handschriften bezeugen statt υἱοῦ τοῦ θεοῦ die Lesart θεοῦ καὶ Χριστοῦ. Abgesehen von der etwas schwächeren äußeren Bezeugung, ist diese Lesart auch aus inneren Gründen sicher sekundär, denn πίστις θεοῦ καὶ Χριστοῦ ist keine paulinische Wendung (πίστις τοῦ θεοῦ nur einmal Röm 3,3 von der „Treue Gottes"), während der Gottessohn-Titel bei Paulus öfter begegnet (vgl. Gal 1,16; 4,4.6; Röm 1,3f. u. ö.) und auch die Verbindung „Glaube an Jesus/Christus" als Genitivkonstruktion nochmals vorkommt (Röm 3,25f.).[16] Aber selbst wenn die Lesart ursprünglich wäre, wären immer noch zwei Interpretationen möglich: „Glaube an Gott und an Christus" (also Gott und Christus als zwei Objekte des Glaubens deutlich unterschieden) oder „Glaube an den Gott und Christus" (also Christus als Gott).

Angesichts der Sachlage kann diese Stelle nicht als Beleg für die Gottheit Christi angeführt werden.[17]

## 2) Apg 20,28

προσέχετε ἑαυτοῖς καὶ παντὶ τῷ ποιμνίῳ, ἐν ᾧ ὑμᾶς τὸ πνεῦμα τὸ ἅγιον ἔθετο ἐπισκόπους ποιμαίνειν τὴν ἐκκλησίαν τοῦ θεοῦ, ἣν περιεποιήσατο διὰ τοῦ αἵματος τοῦ ἰδίου.

„Habt acht auf euch selbst und auf die ganze Herde, in der euch der Heilige Geist als Aufseher eingesetzt hat, zu weiden die Gemeinde Gottes, die er sich erworben hat durch sein eigenes Blut/das Blut seines Eigenen!"

Der Text bietet gleich mehrere Schwierigkeiten und Textvarianten[18]: Statt τὴν ἐκκλησίαν τοῦ θεοῦ (so ℵ, B u. a.)

---

nicht im kritischen Apparat, mit GNT⁴ identisch). Wenn andere Ausgaben zum Vergleich herangezogen wurden, ist dies jeweils verzeichnet. Die Übersetzungen sind, wenn nichts anderes vermerkt, von mir.

[16] Siehe dazu METZGER, Textual Commentary, 524, und die Kommentare z. St.

[17] Vgl. BROWN, 551f.; ebenso HARRIS, 259–261.

[18] Vgl. BROWN, 552f.; ausführlicher HARRIS, 131–141. – Die Stelle

bzw. τὴν ἐκκλησίαν τοῦ κυρίου (so 𝔓⁷⁴, C*, D u. a.) haben C³ und der byzantinische Mehrheitstext τὴν ἐκκλησίαν τοῦ κυρίου καὶ θεοῦ – die älteste Überlieferung schwankt also zwischen der „Gemeinde Gottes" und der „Gemeinde des Herrn" (sc. Christi), was in den jüngeren Handschriften offenbar zu einem Sowohl-als-auch kombiniert ist. Dabei dürfte die Wendung τὴν ἐκκλησίαν τοῦ κυρίου καὶ θεοῦ am ehesten im Sinne von „die Gemeinde des Herrn [= Christi] und Gottes" zu verstehen sein und nicht im Sinne von „die Gemeinde des Herrn und Gottes [= Christus]", zumal in einigen Minuskeln der Artikel vor θεοῦ gesetzt ist (τὴν ἐκκλησίαν τοῦ κυρίου καὶ τοῦ θεοῦ), der beide deutlich unterscheidet. Im Kontext, d. h. in Verbindung mit der Fortsetzung, stellt τὴν ἐκκλησίαν τοῦ θεοῦ eindeutig die schwierigere Lesart dar, dürfte also ursprünglich sein. Damit ist Gott auch das Subjekt des folgenden Relativsatzes.

Wie ist das von den ältesten Zeugen überlieferte διὰ τοῦ αἵματος τοῦ ἰδίου zu verstehen? Soll man übersetzen „durch sein eigenes Blut" (so Lutherbibel und KJV)[19] oder „durch das Blut des/seines Eigenen", wobei ὁ ἴδιος („der Eigene") entweder die Ergänzung „Sohn" impliziert[20] (so Einheitsübersetzung und Elberfelder Bibel) oder als eine Art Ehrentitel wie ὁ ἀγαπητός oder ὁ μονογενής aufzufassen wäre? Beide Möglichkeiten werfen erhebliche Schwierigkeiten auf: Die patripassianische Aussage, daß Gott selbst sein Blut am Kreuz vergossen habe, kann Lukas unmöglich intendiert haben; andererseits ist ὁ ἴδιος („der Eigene") als christologischer Titel ohne Parallele[21]. Wahrscheinlich hat

---

wird als Musterbeispiel für eine textkritische Analyse vorgeführt bei METZGER, Der Text des Neuen Testaments, 238–240 (vgl. DERS., Textual Commentary, 425–427). Siehe jetzt auch die prägnante Darlegung der textkritischen und semantischen Probleme bei BARRETT, Acts II, 976f.

[19] Diese folgen freilich (über den _textus receptus_ des Erasmus) dem byzantinischen Mehrheitstext, der dem Text durch Wortumstellung (διὰ τοῦ ἰδίου αἵματος) die Zweideutigkeit nimmt.

[20] Sehr unwahrscheinlich ist es, daß ein ursprüngliches υἱοῦ ausgefallen sein sollte, wie KNAPP (laut Apparat in NA) konjizierte.

[21] In Papyri ist substantiviertes ὁ ἴδιος als Ausdruck der nahen Verbundenheit gelegentlich belegt (z. B. P. Fay. 110,2 u. ö.: Ἐπαγαθῶι τῶι ἰδίωι χαίρειν, dazu MOULTON, Grammar I, 90f.; MOULTON/MILLIGAN, Vocabulary, 298); als quasi-neutestamentliches Beispiel könnte man

Lukas hier zwei traditionelle Formeln – die von der „Gemeinde Gottes"[22] und die von Christi Sühnetat „durch sein Blut"[23] – nebeneinandergestellt, ohne den Subjektwechsel zu markieren; das Problem ist also nicht textkritisch, sondern traditionsgeschichtlich zu lösen.[24] Von der Gottheit Christi spricht der Text ursprünglich nicht; sie kann aber, wenn man sie bereits voraussetzt, aus ihm herausgelesen werden.[25]

### 3) Joh 1,18

Θεὸν οὐδεὶς ἑώρακεν πώποτε· μονογενὴς θεὸς ὁ ὢν εἰς τὸν κόλπον τοῦ πατρὸς ἐκεῖνος ἐξηγήσατο.

„Niemand hat Gott je gesehen; als einziggeborener Gott, der im Schoß/an der Brust des Vaters ist, hat jener Kunde gebracht."

Die qualitativ sehr gut bezeugte Lesart μονογενὴς θεός ($\mathfrak{P}^{66}$, א*, B, C*, L u. a.; mit Artikel, also ὁ μονογενὴς θεός, $\mathfrak{P}^{75}$, א$^{1/2}$, 33 u. a.) bezeichnet eindeutig Jesus als Gott. Als Variante ist von A, C³, Θ u. a., dem byzantinischen Mehrheitstext sowie den lateinischen Übersetzungen incl. Vulgata ὁ μονογενὴς υἱός („der einziggeborene Sohn") überliefert. Nur schwach bezeugt ist die Lesart ὁ μονογενής („der Einziggeborene").[26]

---

[22] allenfalls Joh 15,19 v. l. anführen, wo $\mathfrak{P}^{66}$ und 1241 τὸν ἴδιον statt τὸ ἴδιον lesen. Es steht jedoch üblicherweise im Plural (οἱ ἴδιοι) und bezeichnet die Kampf-/Gesinnungsgenossen (so 2Makk 12,22; im NT Apg 4,23; 24,23) oder die Familienangehörigen (so Sir 11,34; im NT 1Tim 5,8).

[22] Die Formel ist paulinisch; vgl. 1Kor 1,2; 10,32; 11,16.22; 15,9; 2Kor 1,1; Gal 1,13; 1Thess 2,14 sowie 2Thess 1,4.

[23] Vgl. Hebr 9,12; 13,12 (διὰ τοῦ ἰδίου αἵματος); Eph 1,7 (διὰ τοῦ αἵματος αὐτοῦ); Offb 1,7 (ἐν τῷ αἵματι αὐτοῦ); 1Petr 1,19 (τιμίῳ αἵματι). Zu vergleichen ist aber auch Röm 8,32 (mit Gott als Subjekt eines Relativsatzes: ὅς γε τοῦ ἰδίου υἱοῦ οὐκ ἐφείσατο).

[24] ROLOFF, NTD 5, 306; erwogen schon bei CONZELMANN, HNT 7, z. St.

[25] Vgl. die bei WETTSTEIN, II, 596–599, genannten Belege aus den Kirchenvätern.

[26] Vgl. BROWN, 553f., der für die erste Lesart plädiert. – Die dritte Variante ist in NA nicht aufgeführt; s. aber GNT⁴ sowie SCHNACKENBURG, HThK IV/1, 255 (einzelne lateinische Handschriften und Kirchenväter). – Eindeutig sekundär ist die in vereinzelten lateinischen Handschriften anzutreffende Lesart μονογενὴς υἱὸς θεοῦ (*unigenitus*

Vom Gewicht der Zeugen her ist θεός auf jeden Fall vor-
zuziehen.[27] Für die Lesart υἱός spräche, daß es in diesem
Vers mit πατρός korrespondiert und zum sonstigen johanneischen Sprachgebrauch paßt (vgl. Joh 3,16.18; 1Joh 4,9) –
gerade dies macht sie jedoch als sekundäre Angleichung
verdächtig (*lectio facilior!*). Dennoch ziehen einige Exegeten
diese Lesart vor.[28] Mit absoluter Sicherheit läßt sich die Frage nicht entscheiden; denkbar bleibt auch, daß ein ursprüngliches ὁ μονογενής (vgl. 1,14) sehr früh unterschiedlich ergänzt wurde.

B) Syntaktische Zweifelsfälle

*1) Kol 2,2f.*

[2] ἵνα παρακληθῶσιν αἱ καρδίαι αὐτῶν συμβιβασθέντες ἐν
ἀγάπῃ καὶ εἰς πᾶν πλοῦτος τῆς πληροφορίας τῆς συν-
έσεως, εἰς ἐπίγνωσιν τοῦ μυστηρίου τοῦ θεοῦ, Χριστοῦ,
[3] ἐν ᾧ εἰσιν πάντες οἱ θησαυροὶ τῆς σοφίας καὶ γνώσεως
ἀπόκρυφοι.

„[2] damit ihre Herzen ermuntert werden, zusammengehalten
in Liebe, und (ausgerichtet) auf allen Reichtum der Fülle
der Einsicht, auf die Erkenntnis des Geheimnisses Gottes,

---

*filius dei*). – Bei HARRIS, 73–103, werden zunächst die Textvarianten (in
anderer Reihenfolge) ausführlich diskutiert (74–83, mit einer "strong
preference for μονογενὴς θεός as the primitive text": 82); dann widmet
er sich der Bedeutung von μονογενής (84–87), den verschiedenen
Übersetzungsmöglichkeiten von μονογενὴς θεός (88–92) und schließlich der Bedeutung von Joh 1,18 im engeren und weiteren Kontext
(93–103).

[27] Dies gilt besonders seit dem Bekanntwerden der Bodmer-Papyri:
𝔓[66] wurde 1956 publiziert, 𝔓[75] 1961 (s. ALAND, Der Text des Neuen Testaments, 110). – Einheitsübersetzung und Lutherbibel 1984 folgen
NA[26], während Luther selbst und die Revisionen bis 1956 sowie die Elberfelder Bibel „der eingebor(e)ne Sohn" haben.

[28] Darunter erwartungsgemäß BULTMANN, KEK II, 55 Anm. 4, aber
auch SCHNACKENBURG, a. a. O., der ebd. Anm. 2 Vertreter beider Posi-
tionen (NT-Ausgaben und Exegeten) auflistet (vgl. auch die tabellarische Übersicht bei HARRIS, 83). Für θεός tritt jetzt auch SCHNELLE,
ThHK 4, 29, ein. Einig sind sich SCHNACKENBURG und SCHNELLE freilich
darin, daß am Ende des Prologs – ob als θεός oder als υἱός – „die volle
göttliche Dignität" Jesu zum Ausdruck komme.

(nämlich) Christus, [3] in dem alle Schätze der Weisheit und Erkenntnis verborgen sind."

Das in NA und GNT gesetzte Komma vor Χριστοῦ favorisiert das Verständnis, daß Christus der Inhalt des Geheimnisses Gottes ist (vgl. Kol 1,26f.). Läßt man das (ohnehin auf das Konto der modernen Herausgeber gehende) Komma weg, gibt es noch zwei weitere Verständnismöglichkeiten: Das Geheimnis bleibt ganz bei Gott, der als der Gott Christi qualifiziert wird („des Geheimnisses des Gottes Christi", vgl. Eph 1,17; ähnlich Kol 1,3), oder der Name Christus wird als Attribut zu Gott aufgefaßt („des Geheimnisses des Gottes Christus"). Die letztere Interpretation, nach der Christus hier als Gott bezeichnet würde, hätte allerdings im Neuen Testament keine Parallele und muß daher als die am wenigsten wahrscheinliche gelten, wohingegen die beiden ersteren auf ähnliche Formulierungen im Kolosserbrief (bzw. im eng verwandten Epheserbrief) verweisen können.[29]

Somit ist Brown zuzustimmen, der in bezug auf unsere Fragestellung feststellt: "this text is not a good one to use in our discussion".[30]

### 2) 2Thess 1,12

ὅπως ἐνδοξασθῇ τὸ ὄνομα τοῦ κυρίου ἡμῶν Ἰησοῦ ἐν ὑμῖν, καὶ ὑμεῖς ἐν αὐτῷ, κατὰ τὴν χάριν τοῦ θεοῦ ἡμῶν καὶ κυρίου Ἰησοῦ Χριστοῦ.

---

[29] Ein epexegetisches Verständnis vertritt bereits D* („des Geheimnisses Gottes, das ist Christus"); ähnlich die Minuskel 33 („des Geheimnisses Gottes in Christus"). Die meisten Hss. versuchen jedoch, deutlicher zwischen Gott und Christus zu unterscheiden, indem sie ein „und" einfügen oder/und Gott als „Vater" qualifizieren. Die in NA/GNT präferierte Lesart, aus der sich alle anderen erklären lassen, ist durch 𝔓46, B, eine Vulgata-Handschrift sowie die lateinischen Kirchenväter Hilarius und Pelagius bezeugt (vgl. zur textkritischen Analyse METZGER, Der Text des Neuen Testaments, 241f. [weitgehend übernommen von LOHSE, KEK IX/2, 129]; zur Diskussion auch LOHMEYER, KEK IX/2, 91 Anm. 1; Zusammenstellung der Varianten in deutscher Übersetzung bei GNILKA, HThK X/1, 110 Anm. 17). Hilarius hat die Wendung übrigens tatsächlich im Sinne der Gottheit Christi verstanden (De trinitate IX 62 = PL 10, 331A: *Deus Christus sacramentum est*).

[30] BROWN, 554f. (Zitat 555). Vgl. HARRIS, 263–265.

„damit der Name unseres Herrn Jesus in euch verherrlicht werde, und ihr in ihm, gemäß der Gnade unseres Gottes und (des) Herrn Jesus Christus."

Der in der Übersetzung eingeklammerte Artikel markiert den Interpretationsspielraum: Bezieht sich die Wendung κατὰ τὴν χάριν τοῦ θεοῦ ἡμῶν καὶ κυρίου Ἰησοῦ Χριστοῦ insgesamt auf Jesus („unseres Gottes und Herrn Jesus Christus"), oder sollen „unser Gott" und der „Herr Jesus Christus" als zwei unterschiedene Größen verstanden werden?

Für den Bezug der ganzen Wendung auf Jesus – und damit die Bezeichnung Jesu als Gott – spricht, daß nur vor θεοῦ, nicht aber vor κυρίου ein Artikel gesetzt ist, so daß man den Artikel nach üblichem Sprachgebrauch auf beide Genitive beziehen muß. Dagegen läßt sich einwenden, daß die bekannte Bekenntnisformel κύριος Ἰησοῦς Χριστός vielleicht auch bei artikellosem Gebrauch sofort als eigene Einheit erkannt wurde. Auch die Positionierung von ἡμῶν zwischen den beiden Titeln (statt hinter dem zweiten) scheint diese eher zu trennen als zu verbinden, auch wenn dies nicht zwingend ist (s. u. zu 2Petr 1,1). Für die Unterscheidung der beiden Größen spricht aber vor allem, daß die Wendung ὁ θεὸς ἡμῶν in den Thessalonicherbriefen eine feste Verbindung darstellt (vgl. 1Thess 2,2; 3,9; 2Thess 1,11) und sonst immer eindeutig auf Gott den Vater bezogen ist.[31]

In der älteren Diskussion dieser Stelle ist zumeist auf den sonstigen paulinischen Sprachgebrauch rekurriert worden; geht man von Paulus als Verfasser des 2Thess aus, erscheint die Bezeichnung Jesu als Gott (trotz Röm 9,5; dazu s. u.) extrem unwahrscheinlich[32]. Nachdem sich jedoch die Betrachtung des Briefes als um 100 n. Chr. abgefaßtes Pseudepigraphon weithin durchgesetzt hat, ist diese Titulierung nicht mehr ganz so undenkbar.[33] Gleichwohl bleibt das

---

[31] Diese Argumente bei BROWN, 555, der unter Berufung auf den damals neuesten katholischen Kommentar von RIGAUX der zweiten Interpretation den Vorzug gibt. – HARRIS, 265f., tritt ebenfalls für dieses Verständnis ein und listet sechs Argumente dafür auf.

[32] Siehe DOBSCHÜTZ, KEK X, 258 („unpaulinisch im höchsten Grade"), der lieber eine spätere Interpolation annimmt, als Paulus den ganzen Brief abzusprechen.

[33] Siehe etwa FRIEDRICH, NTD [16]8, 262: „Daß Christus Gott und

Nebeneinander von ὁ θεὸς ἡμῶν in 2Thess 1,11 und der Wendung τὸ ὄνομα τοῦ κυρίου ἡμῶν Ἰησοῦ in 1,12a, die doch suggerieren, es handele sich um zwei zu unterscheidende Größen. Die beste Erklärung dürfte auch hier (wie bei Apg 20,28) traditionsgeschichtlicher Art sein: Der Verfasser wollte den Abschluß des Proömiums (1,3–12) besonders feierlich gestalten und hat deshalb der Wendung „gemäß der Gnade unseres Gottes"[34] noch die bekannte paulinische Formulierung καὶ κυρίου Ἰησοῦ Χριστοῦ[35] angefügt, ohne die dadurch entstandene grammatische Ungenauigkeit zu beachten.[36] Von einer bewußten Bezeichnung Jesu als Gott könnte dann keine Rede sein.

## 3) *Tit 2,13*

προσδεχόμενοι τὴν μακαρίαν ἐλπίδα καὶ ἐπιφάνειαν τῆς δόξης τοῦ μεγάλου θεοῦ καὶ σωτῆρος ἡμῶν Ἰησοῦ Χριστοῦ

Diese Stelle, die Pate gestanden hat für das Bekenntnis des Ökumenischen Rates[37], läßt (ähnlich wie 2Thess 1,12) zwei Interpretationsmöglichkeiten zu, die exemplarisch in der Lutherbibel (a) und der Einheitsübersetzung (b) zum Ausdruck kommen:

(a) und warten auf die selige Hoffnung und Erscheinung der Herrlichkeit des großen Gottes und unseres Heilandes Jesus Christus[38]

---

Herr genannt wird, ist [...] die Ausdrucksweise der späteren Zeit (Tit. 2,13; Joh 20,28; 2.Petr. 1,1)."

[34] Von der „Gnade Gottes" spricht Paulus häufiger; die engste Parallele stellt 1Kor 3,10 (κατὰ τὴν χάριν τοῦ θεοῦ) dar. Allerdings gibt es bei ihm auch die χάρις τοῦ κυρίου Ἰησοῦ Χριστοῦ (2Kor 13,13; Phil 4,23; Phlm 25).

[35] Sie kommt ohne Artikel in allen paulinischen Briefpräskripten vor und ist so auch in 2Thess 1,2 verwendet worden.

[36] So TRILLING, KEK XIV, 64f. („ein schriftstellerisches Versehen"), der ebd. Anm. 231 weitere Vertreter dieser Erklärung nennt; ähnlich REINMUTH, NTD [18]8/2, 174.

[37] Vgl. BULTMANN, Das christologische Bekenntnis, 248: „Titus 2,13 (ein Satz, der ja vermutlich den Amsterdamer Leuten vorgeschwebt hat)".

[38] Zitiert nach der revidierten Fassung von 1984, die hier aber nur

(b) während wir auf die selige Erfüllung unserer Hoffnung warten: auf
das Erscheinen der Herrlichkeit unseres großen Gottes und Retters
Christus Jesus[39]

Die Frage ist also, ob „unser Heiland/Retter Jesus Christus"
zugleich als „der große Gott" tituliert wird (b) oder ob beide
voneinander zu unterscheiden sind (a).

Brown führt sogar drei Interpretationsmöglichkeiten auf[40]: Neben der
klaren Unterscheidung zwischen "the great God" und "our Saviour Jesus Christ" (bei ihm Möglichkeit a) der Zuordnung des Doppeltitels
"our great God and Saviour" zu Jesus Christus (bei ihm Möglichkeit c)
erwägt er analog zu Kol 2,2 (s. o.) noch eine Mittelposition (bei ihm
Möglichkeit b): Der Genitiv könnte als Apposition zu τῆς δόξης aufgefaßt werden, so daß "our great God and Saviour" als Doppeltitel auf
Gott den Vater bezogen wäre, dessen "glory" durch Jesus Christus per-
sonifiziert wird (vgl. etwa Hebr 1,3). Das Problem bei dieser Möglichkeit ist, daß man vom Griechischen her ohne einen entsprechenden
Hinweis (ὅ ἐστιν o. ä.) eigentlich nicht darauf kommt; in einer Textedi-
tion müßte vor Ἰησοῦ Χριστοῦ ein Komma gesetzt werden, was aber
m. W. noch kein Herausgeber getan hat[41]. Daher spielt diese rein theo-

---

unwesentlich von den älteren Fassungen abweicht (1912: „und unsers
Heilandes, Jesu Christi").

[39] In einer Anmerkung wird auf die „andere Übersetzungsmöglich-
keit: der Herrlichkeit des großen Gottes und unseres Retters Christus
Jesus" hingewiesen. – Die Wortfolge „Christus Jesus" ist in א*, F, G, b
bezeugt und war in NA[25] die bevorzugte Lesart.

[40] Vgl. Brown, 556f. – Aufgeführt werden diese drei Möglichkeiten
(in anderer Anordnung) auch bei Grundmann, ThWNT IV, 544–546.
– Harris, 173–185, bespricht zunächst (174–178) vier Alternativen, die
grammatische Konstruktion zu verstehen (1. δόξης und σωτῆρος abhängig von ἐπιφάνειαν, 2. θεοῦ und σωτῆρος abhängig von ἐπιφάνειαν, 3. θεοῦ und σωτῆρος abhängig von δόξης, bezogen auf zwei
Personen, 4. θεοῦ und σωτῆρος abhängig von δόξης, bezogen auf eine
Person); dabei kommt die Möglichkeit, δόξα θεοῦ als eine Art christologischen Hoheitstitel aufzufassen, bei der ersten und vierten Alternative in den Blick.

[41] GNT[4] führt im Interpunktionsapparat zu diesem Vers lediglich
ein Komma hinter θεοῦ auf und nennt fünf moderne Übersetzungen,
die dieses als Anmerkungslesart verzeichneten. Gemeint ist hier offenbar unsere Interpretationsmöglichkeit a, für die freilich ein Komma im
griechischen Text nicht notwendig ist. (Die Einheitsübersetzung, die
eine entsprechende Anmerkung hat [s. o. Anm. 39], ist für den Interpunktionsapparat im GNT[4] generell nicht berücksichtigt worden; die
Lutherbibel, die angeblich berücksichtigt wird, ist hier nicht genannt,

retisch mögliche, aber ziemlich abwegige Deutung in der Diskussion um diese Stelle keine Rolle.

Wie in 2Thess 1,12 ist nur einmal der Artikel gesetzt (vor μεγάλου θεοῦ), so daß θεοῦ καὶ σωτῆρος als Doppelbegriff erscheint; anders als dort steht hier zudem das ἡμῶν nicht zwischen den beiden, sondern nach dem zweiten Begriff, läßt sich also ebenfalls mühelos auf beide beziehen. Rein sprachlich verdient also diese Interpretation den Vorzug.[42]

Die Bedenken sind daher auch inhaltlich-theologischer Art: Die Übertragung des Titels „der große Gott" auf Jesus wäre im Neuen Testament völlig singulär[43] und widerspräche im Kontext der Pastoralbriefe (gerade an den „Epiphaniestellen") der sonst durchweg festgehaltenen Subordination[44].

Da sich für beide Deutungen stichhaltige Argumente anführen lassen, ist hier keine Eindeutigkeit zu erzielen.[45]

## 4) 1Joh 5,20

οἴδαμεν δὲ ὅτι ὁ υἱὸς τοῦ θεοῦ ἥκει καὶ δέδωκεν ἡμῖν διάνοιαν ἵνα γινώσκωμεν τὸν ἀληθινόν, καὶ ἐσμὲν ἐν τῷ ἀληθινῷ, ἐν τῷ υἱῷ αὐτοῦ Ἰησοῦ Χριστῷ. οὗτός ἐστιν ὁ ἀληθινὸς θεὸς καὶ ζωὴ αἰώνιος.

„Wir wissen aber, daß der Sohn Gottes gekommen ist und uns Verständnis gegeben hat, damit wir den Wahrhaftigen erkennen; und wir sind in dem Wahrhaftigen, in seinem

---

obwohl sie die betreffende Variante als Haupttext bietet; vgl. die Aufstellung der im "discourse segmentation apparatus" berücksichtigten Editionen und Übersetzungen im GNT⁴, p. 44*–45*.)

[42] Sie wird dezidiert von HARRIS, 173–185 (ausführliche Begründung 178–185), sowie u. a. von GRUNDMANN, ThWNT IV, 546; CULLMANN, Christologie, 322; SPICQ, Les épîtres pastorales, 265f., und LÄGER, Christologie der Pastoralbriefe, 94–96, vertreten. BROWN, 557, hält sie für die wahrscheinliche, räumt aber ein: "no certainty can be reached here".

[43] Das reicht für JEREMIAS, NTD 9, 64, aus, die Deutung abzulehnen.

[44] Dieses Argument ist besonders von WINDISCH, Zur Christologie der Pastoralbriefe, 225–227, angeführt worden. Ihm folgen u. a. MERKEL, NTD 9/1, 99f., und OBERLINNER, HThK XI/2,3, 136f.

[45] Daher lassen etliche Exegeten die Entscheidung offen; so HOLTZMANN, Pastoralbriefe, 489f.; DIBELIUS/CONZELMANN, HNT 13, 107f.; BROX, Pastoralbriefe (RNT), 300 (zu BROWN s. o. Anm. 42).

Sohn Jesus Christus. Dieser ist der wahrhaftige Gott und ewiges Leben."
Wer ist mit „dieser" gemeint? Nach den Grundregeln der Deixis müßte οὗτος auf das nächste Bezugswort zurückweisen – das wäre Jesus Christus. Nun wird aber diese Grundregel im 1. Johannesbrief nicht immer strikt befolgt, wie etwa 1Joh 2,22 zeigt[46]. Da das Stichwort ὁ ἀληθινός („der Wahrhaftige") in diesem Vers vorher bereits zweimal mit Bezug auf Gott den Vater genannt worden ist[47], könnte das Demonstrativum sich auch auf diesen zurückbeziehen. Rein grammatisch läßt sich die Frage nicht entscheiden. Inhaltlich paßt ὁ ἀληθινὸς θεός wohl besser zu Gott (vgl. noch Joh 17,3: ὁ μόνος ἀληθινὸς θεός)[48]; freilich wäre der Satz dann beinahe tautologisch[49]. Auf der anderen Seite scheint ζωὴ αἰώνιος besser zu Jesus Christus zu passen (vgl. im näheren Kontext 1Joh 5,11f. sowie schon 1,2; ferner Joh 11,25; 14,6). Daß dieser mit Gott identifiziert wird, liegt durchaus im Gefälle johanneischer Christologie (vgl. Joh 1,1.18; 20,28; aber auch 10,30; 17,11.21). So spricht etwas mehr für die Annahme, daß Jesus in 1Joh 5,20 als „der wahrhaftige Gott" bezeichnet wird, wenngleich eine Unsicherheit bleibt.[50] Die

---

[46] Τίς ἐστιν ὁ ψεύστης εἰ μὴ ὁ ἀρνούμενος ὅτι Ἰησοῦς οὐκ ἔστιν ὁ Χριστός; οὗτός ἐστιν ὁ ἀντίχριστος, ὁ ἀρνούμενος τὸν πατέρα καὶ τὸν υἱόν („Wer ist der Lügner, wenn nicht der, der leugnet, daß Jesus der Christus ist? Dieser ist der Antichrist, der, der den Vater und den Sohn leugnet"): οὗτος bezieht sich nicht auf den unmittelbar vorangehenden Titel „der Christus", sondern auf den am Anfang des Satzes genannten „Lügner". – Noch härter an der analogen Stelle 2Joh 7, wo die Bezugsgröße für οὗτός ἐστιν ὁ πλάνος καὶ ὁ ἀντίχριστος nicht nur weiter entfernt, sondern auch im anderen Numerus steht (πολλοὶ πλάνοι).

[47] Es ist als Attribut Gottes auch aus der LXX geläufig, vgl. Ex 34,6; Num 14,18; 1Esdr 8,86; 3Makk 2,11; 6,18; ψ 85,15; Jes 65,16. Jüdisch außerdem Philon, Spec I 332; LegGai 366; christlich 1Thess 1,9; 1Clem 43,6.

[48] Im Johannesevangelium wird ἀληθινός allerdings auch in christologischen Bildworten verwendet (Joh 1,9: Licht; 6,32: Brot; 15,1: Weinstock). Eindeutig auf Christus bezogen steht es Offb 3,7.14; 19,11.

[49] Vgl. dazu aber Joh 1,2 (οὗτος ἦν ἐν ἀρχῇ πρὸς τὸν θεόν), dessen Elemente alle aus 1,1 stammen.

[50] Vgl. BROWN, 557f., der sich v. a. auf SCHNACKENBURG, HThK XIII/3, 291, beruft. Diese Position findet sich bei der Mehrzahl der neueren Ausleger. Das gilt auch für BULTMANN, KEK XIV, 92f., der

Stelle zeigt, „daß sich Aussagen über Gott und über Christus im 1Joh nicht immer säuberlich voneinander scheiden lassen"[51]. Dies wiederum ist ein Charakteristikum johanneischer Theologie, nach der in Jesus Christus Gott selbst anwesend ist.

## 5) *Röm 9,5*

ὧν οἱ πατέρες καὶ ἐξ ὧν ὁ Χριστὸς τὸ κατὰ σάρκα, ὁ ὢν ἐπὶ πάντων θεὸς εὐλογητὸς εἰς τοὺς αἰῶνας, ἀμήν.

„denen die Väter gehören und aus denen der Christus herkommt nach dem Fleisch, der da ist Gott über allem, gelobt in Ewigkeit. Amen."

Der Satz ist eine alte *crux interpretum* und gehört zu den umstrittensten Stellen im ganzen Neuen Testament. Die Frage, ob die abschließende Eulogie auf Christus oder auf Gott zu beziehen ist, läßt sich als Frage nach der richtigen Interpunktion darstellen[52]:

Setzt man hinter σάρκα einen Punkt oder Hochpunkt, so erhält man eine eigenständige Eulogie, die sich auf Gott den Vater bezieht: „Gott, der über allem ist, (sei/ist) gelobt in

---

allerdings (im Anschluß an BOUSSET, Kyrios Christos, 178) in Erwägung zieht, daß ἐν τῷ υἱῷ αὐτοῦ Ἰησοῦ Χριστῷ eine Glosse ist, so daß „die Behauptung der vollen Gottheit Christi" sekundär wäre; zudem schreibt er den Abschnitt 5,14–21 als „Anhang" einem späteren Redaktor zu. – HARRIS, 239–253, hält nach eingehender Prüfung aller Argumente Gott den Vater für das wahrscheinliche Bezugswort und findet sich darin besonders durch die Grammatiken zum Neuen Testament bestätigt. – WINDISCH, HNT 15, 135f., führt prägnant die Deutungsmöglichkeiten auf und läßt die Entscheidung offen.

[51] KLAUCK, EKK XIII/1, 339. Er bezieht sich hier auf frühere Stellen des 1. Johannesbriefes (vgl. die unklare Referenz von αὐτός in 1Joh 2,3–6.12.25.28f. und dazu KLAUCK, ebd. 112.133.165.172f.).

[52] Vgl. BROWN 559f.; HARRIS, 143–172; METZGER, Punctuation; DERS., Textual Commentary, 459–462. Jüngst hat KAMMLER, Prädikation, die Argumente unter ausgiebiger Heranziehung der Forschungsliteratur (s. bes. die Anm. 1–3) ausführlich besprochen. Er stellt fest, daß gegenwärtig in der deutschsprachigen Exegese der Bezug auf Gott, in der englischsprachigen dagegen der Bezug auf Christus überwiegt, und kommt selbst zu einer eindeutigen christologischen Interpretation der Stelle (so auch HARRIS, während BROWN angesichts der Gegenstimmen namhafter Fachkollegen vorsichtiger von einer "certain probability that this passage refers to Jesus" [560] spricht).

Ewigkeit" bzw. „Der, der über allem ist, (nämlich) Gott, (sei/ist) gelobt in Ewigkeit" bzw. „Der, der über allem ist, (ist) Gott, gelobt in Ewigkeit".[53] Das Hauptproblem bei dieser Lesart ist, daß eigenständige Eulogien im Neuen Testament und im alttestamentlich-jüdischen Schrifttum sonst immer mit dem Prädikatsnomen εὐλογητός beginnen, das hier erst an sechster Stelle steht.[54] Ferner fällt das Partizip ὤν zumindest als redundant auf, die Verbindung ὁ ὤν stellt aber normalerweise einen Bezug auf das unmittelbar vorher genannte Subjekt her[55], man würde also zur Markierung des Subjektwechsels wenigstens ein δέ erwarten.

Setzt man einen Punkt hinter πάντων, ergibt sich ebenfalls eine selbständige (auf Gott bezogene) Eulogie („Gott [sei] gelobt in Ewigkeit"), während das ὁ ὤν ἐπὶ πάντων auf Christus zu beziehen ist. Diese Lesart vermeidet gegenüber der ersten auf jeden Fall die Schwierigkeiten des Bezugs von ὁ ὤν. Sie behält jedoch das Hauptproblem bei, daß εὐλογητός nicht an der für selbständige Eulogien üblichen Position steht (hier an zweiter statt erster Stelle). – Wenn statt eines

---

[53] Diese Interpunktion bieten (abgesehen von einigen Majuskel- und der Mehrheit der Minuskelhandschriften, was jedoch keine eindeutigen Schlüsse zuläßt; dazu METZGER, Punctuation, 97–99; Textual Commentary, 460 mit Anm. 2) die NT-Ausgaben von Lachmann und Tischendorf (Punkt) bzw. Stephanus, NA²⁵ und GNT¹⁻³ (Hochpunkt; so auch bei Westcott/Hort am Rand und ebd. Bd. II, 108–110, von Hort favorisiert), eine entsprechende Übersetzung die RSV. Die Einheitsübersetzung, die nach NA²⁶ übersetzt, bietet diese Wiedergabemöglichkeit in einer Fußnote.

[54] Vgl. 2Kor 1,3; Eph 1,3; 1Petr 1,3; Lk 1,68. – Die einzige Ausnahme findet sich in ψ 67,19d, erklärt sich aber daraus, daß der Übersetzer angesichts der Textverderbnis in der hebräischen Vorlage eine sinnvolle Aussage herstellen wollte und dazu das ברוך aus V. 20a zweimal übersetzt hat (Anadiplosis; es ergibt sich dadurch ein Chiasmus: κύριος ὁ θεὸς εὐλογητός, / εὐλογητὸς κύριος ἡμέραν καθ᾽ ἡμέραν). Diese ‚Notlösung' kann auf keinen Fall zum Maßstab genommen werden.

[55] Vgl. 2Kor 11,31 (θεὸς ..., ὁ ὢν εὐλογητὸς εἰς τοὺς αἰῶνας); ferner Joh 1,18. Die Wendung entspricht einem ὅς ἐστιν (so Röm 1,25: ὅς ἐστιν εὐλογητὸς εἰς τοὺς αἰῶνας). – An dieser Stelle sei auf die Konjektur ὧν ὁ hingewiesen, die das Problem wohl auf allzu glatte Weise beseitigt („denen der Gott, der über allem ist, gehört – gelobt [sei er] in Ewigkeit"). Sie wurde zuletzt erneut vertreten von HAACKER, ThHK 6, 187 (dort weitere Vertreter).

Punktes ein Komma gesetzt wird[56], ist die Eulogie ambivalent, je nachdem, ob man das Komma hier eher als stärkere oder schwächere Zäsur ansieht: entweder selbständig und auf Gott bezogen (wie beim Punkt) oder unselbständig und auf Christus bezogen („aus denen der Christus herkommt nach dem Fleisch, der über allem ist, als Gott gelobt in Ewigkeit.").[57]

Bei der in NA[26.27] (und diesem folgend GNT[3corr.4]) gebotenen Interpunktion (Komma hinter σάρκα) bezieht sich das Prädikat „Gott" eindeutig auf Christus. Sprachlich ist dies sicher die beste Lesart. Die gegen sie geäußerten Einwände sind denn auch theologischer Art: Alle sonstigen Eulogien bei Paulus beziehen sich auf Gott[58], und die Bezeichnung Christi als θεός wäre bei Paulus hier einmalig. Auch das emphatische ὁ ὢν ἐπὶ πάντων scheint besser auf Gott zu passen.[59] Demgegenüber läßt sich wiederum auf Phil 2,5–11 verweisen, wo Paulus[60] dem präexistenten Christus eine μορφὴ θεοῦ und ein εἶναι ἴσα θεῷ zuschreibt (V. 6) und dem erhöhten, mit dem höchsten „Namen" (κύριος!) ausgestatteten die Anbetung durch alle kosmischen

---

[56] So die NT-Ausgabe von Westcott/Hort.

[57] Die NRSV übersetzt im letzteren Sinne (wie schon die KJV), führt aber zwei Alternativübersetzungen (entsprechend NA[26] bzw. GNT[1–3]) an. Die Elberfelder Bibel behält die Ambivalenz bei: „aus denen dem Fleisch nach der Christus ist, der über allem ist, Gott, gepriesen in Ewigkeit."

[58] Vgl. Röm 1,25; 11,36; 2Kor 1,3; 11,31; Gal 1,5 (vgl. auch Phil 4,20). Das gilt auch für die oben bereits genannten übrigen neutestamentlichen Stellen Eph 1,3; 1Petr 1,3; Lk 1,68 (und selbstverständlich für die im Hintergrund stehenden LXX-Stellen wie besonders ψ 40,14; 88,53; 105,48).

[59] Vgl. Eph 4,6 (εἷς θεὸς καὶ πατὴρ πάντων ὁ ἐπὶ πάντων καὶ διὰ πάντων καὶ ἐν πᾶσιν) und dazu den Beitrag von GERHARD SELLIN in diesem Band (S. 50f. mit Anm. 29). Von dieser Stelle her ist es auch wahrscheinlich (wenngleich für unsere Fragestellung unerheblich), daß der Genitiv ἐπὶ πάντων in Röm 9,5 neutrisch und nicht wie ebenfalls möglich maskulinisch zu verstehen ist (vgl. ebd. Anm. 30).

[60] Die umstrittene Frage nach der Verfasserschaft der Passage Phil 2,(5)6–11, die vielfach als ‚vorpaulinischer Hymnus' angesehen wird (s. dazu kritisch BRUCKER, ‚Christushymnen', 310–315), ist für den vorliegenden Zusammenhang unerheblich: Selbst wenn Paulus hier einen fremden Text zitieren sollte, würde er sich dadurch dessen Aussagen zu eigen machen.

Wesen zuteil werden läßt (V. 9–11). Dies wird durch ebenfalls auf Christus bezogene Wendungen wie κύριος πάντων
(Röm 10,12) oder κύριος τῆς δόξης (1Kor 2,8) noch verstärkt.

Es läßt sich festhalten, daß die christologische Deutung
der Eulogie von Röm 9,5 die sprachlichen Argumente für
sich und theologische Einwände, die indes nicht zwingend
sind, gegen sich hat. Damit besteht eine hohe Wahrscheinlichkeit, daß Christus hier von Paulus explizit als θεός bezeichnet wird. Eine Einigkeit der Ausleger wird sich aber
nicht herstellen lassen, da die Auseinandersetzung stark von
dogmatischen Interessen geleitet ist.

### 6) 2Petr 1,1

Συμεὼν Πέτρος δοῦλος καὶ ἀπόστολος Ἰησοῦ Χριστοῦ
τοῖς ἰσότιμον ἡμῖν λαχοῦσιν πίστιν ἐν δικαιοσύνῃ τοῦ θεοῦ
ἡμῶν καὶ σωτῆρος Ἰησοῦ Χριστοῦ

„Symeon Petrus, Knecht und Apostel Jesu Christi, denen,
die einen uns gleichwertigen Glauben erlangt haben durch
die Gerechtigkeit unseres Gottes und (des) Heilands Jesus
Christus"

An dieser Stelle liegt dasselbe semantische Problem vor
wie in 2Thess 1,12 (s. o.), so daß man auch hier „unser Gott"
und „Heiland Jesus Christus" auseinanderziehen könnte (so
die Lutherbibel). Innerhalb des 2. Petrusbriefes gibt es jedoch parallele Formulierungen, in denen „unser Herr und
Heiland" eindeutig als Doppeltitel fungiert; vgl. nur 1,11:

οὕτως γὰρ πλουσίως ἐπιχορηγηθήσεται ὑμῖν ἡ εἴσοδος εἰς τὴν αἰώ-
νιον βασιλείαν τοῦ κυρίου ἡμῶν καὶ σωτῆρος Ἰησοῦ Χριστοῦ.
„Denn so wird euch reichlich gewährt werden der Eingang in das ewige
Reich unseres Herrn und Heilands Jesus Christus."[61]

---

[61] Die anderen Stellen sind 2,20 (ἐν ἐπιγνώσει τοῦ κυρίου [ἡμῶν]
καὶ σωτῆρος Ἰησοῦ Χριστοῦ); 3,2 (τῆς … ἐντολῆς τοῦ κυρίου καὶ
σωτῆρος); 3,18 (αὐξάνετε δὲ ἐν χάριτι καὶ γνώσει τοῦ κυρίου ἡμῶν
καὶ σωτῆρος Ἰησοῦ Χριστοῦ). In Angleichung an diese Wendung haben ℵ, Ψ u. a. in 1,1 für θεοῦ die erleichternde Lesart κυρίου. – Man
könnte noch darauf hinweisen, daß Doppeltitel mit σωτήρ in der Antike häufig sind (vgl. JUNG, ΣΩΤΗΡ, 46f.81f.132f.). Dies gilt allerdings
besonders für die Kombination mit εὐεργέτης (Wohltäter), κτίστης
(Gründer) oder πατήρ (Vater), wohingegen die Verbindung θεὸς καὶ

Von dieser Analogie her erscheint es logisch, auch in 1,1 „unser Gott und Heiland" als Doppeltitel aufzufassen[62] – zumal der Verfasser in 1,2 wieder zwischen Gott und Jesus unterscheidet und dies durch eine andere Wortstellung (ἐν ἐπιγνώσει τοῦ θεοῦ καὶ Ἰησοῦ τοῦ κυρίου ἡμῶν) eindeutig macht[63]. So sieht es heute auch die Mehrheit der Ausleger.[64]

*Zwischenresümee*

Von den in diesem Abschnitt besprochenen Zweifelsfällen weisen immerhin fünf eine gewisse Wahrscheinlichkeit auf, daß Jesus an diesen Stellen als „Gott" tituliert wird. Sie sind (der Darstellung bei Brown folgend) in den beiden Unterabschnitten nach steigender Wahrscheinlichkeit angeordnet: Von den textkritischen Zweifelsfällen ist Gal 2,20 auszuschließen und Apg 20,28 durch viele Unsicherheiten belastet, aber bei Joh 1,18 ist die Lesart, die Jesus als θεός bezeichnet, die wahrscheinlichere. Von den syntaktischen Zweifelsfällen haben sich Kol 2,2f. und 2Thess 1,12 als eher

---

σωτήρ ausgesprochen selten ist (Diod. Sic. XXXVII 26,1 von Mithridates; vgl. Plutarch, Camillus 10,6: σωτὴρ καὶ πατὴρ καὶ θεός, von Camillus); κύριος καὶ σωτήρ scheint sogar eine christliche Bildung zu sein.

[62] So BROWN, 560f., der das Argument für so zwingend hält, daß er die Stelle fast unter die Texte zählen möchte, die eindeutig von Jesus als Gott sprechen. Das ist auch das Ergebnis von HARRIS, 229–238.

[63] Inhaltlich könnte V. 2 freilich auch als Präzisierung der uneindeutigen Formulierung von V. 1 aufgefaßt werden. Dies hat in der Textgeschichte zu Änderungen Anlaß gegeben (s. dazu den ausführlicheren Apparat in GNT[4] z. St.): 𝔓[72] läßt das καί weg, so daß Jesus auch hier als Gott bezeichnet wird; 1292, 1505, 1611, 2138 u. a. haben als Genitiv nur τοῦ κυρίου ἡμῶν Ἰησοῦ Χριστοῦ, lassen also Gott ganz heraus; P, Ψ, 1175, 1852, 2464 u. a. bieten sogar nur τοῦ κυρίου ἡμῶν, was wahrscheinlich, aber nicht ganz eindeutig (vgl. 3,10!) christologisch zu verstehen ist. Die den Namen Jesu auslassende Lesart τοῦ θεοῦ ἡμῶν (1243, ℓ 422) hält die Uneindeutigkeit von V. 1 aufrecht, ebenso die von dort fast wörtlich übernommene Variante τοῦ θεοῦ καὶ σωτῆρος Ἰησοῦ Χριστοῦ τοῦ κυρίου ἡμῶν (1881, ℓ 596).

[64] Siehe PAULSEN, KEK XII/2, 104f.; VÖGTLE, EKK XXII, 133; ausführlicher wird das Für und Wider abgewogen bei BAUCKHAM 169f. (am ausführlichsten dann bei HARRIS, a. a. O.). – Gegen diese Deutung WINDISCH, HNT 15, 84; FRANKEMÖLLE, NEB.NT 18.20, 89; NEYREY, AncB 37C, 147f.

unwahrscheinliche Kandidaten für eine (bewußte) Bezeichnung Jesu als „Gott" herausgestellt, aber Tit 2,13; 1Joh 5,20; Röm 9,5 und 2Petr 1,1 weisen eine gewisse, die beiden letzten sogar eine sehr hohe Wahrscheinlichkeit auf, daß hier θεός als christologischer Hoheitstitel gebraucht wird.

## III. Stellen, an denen „Gott" eindeutig als Titel für Jesus verwendet wird

Sieht man von den Textstellen im Neuen Testament ab, die eine Göttlichkeit Jesu implizieren, ihn aber nicht direkt als θεός bezeichnen[65], so bleiben drei Stellen, an denen dieser Titel explizit Verwendung findet. Diese sind im folgenden kurz zu besprechen.

### 1) Hebr 1,8f.

[8] πρὸς δὲ τὸν υἱόν· ὁ θρόνος σου ὁ θεὸς εἰς τὸν αἰῶνα τοῦ αἰῶνος, καὶ ἡ ῥάβδος τῆς εὐθύτητος ῥάβδος τῆς βασιλείας σου. [9] ἠγάπησας δικαιοσύνην καὶ ἐμίσησας ἀνομίαν· διὰ τοῦτο ἔχρισέν σε ὁ θεὸς ὁ θεός σου ἔλαιον ἀγαλλιάσεως παρὰ τοὺς μετόχους σου.

„[8] zu dem Sohn aber (spricht er): Dein Thron, Gott, ist von Ewigkeit zu Ewigkeit, und das Zepter der Aufrichtigkeit ist Zepter deines Königtums. [9] Du hast Gerechtigkeit geliebt und Gesetzlosigkeit gehaßt; darum hat dich, Gott, dein Gott gesalbt mit Freudenöl anstatt deiner Gefährten." (ψ 44,7f.)[66]
In V. 8 ist der Nominativ ὁ θεός sicher vokativisch aufzufassen.[67] Ein Verständnis als Subjekt („Gott ist dein

---

[65] So im Corpus Paulinum besonders in feierlich-gehobenen (‚hymnischen') Passagen: Phil 2,6 (ἐν μορφῇ θεοῦ ὑπάρχων ... εἶναι ἴσα θεῷ); Kol 1,15 (εἰκὼν τοῦ θεοῦ τοῦ ἀοράτου); 1,19 (ἐν αὐτῷ εὐδόκησεν πᾶν τὸ πλήρωμα κατοικῆσαι). Im Johannesevangelium sind v. a. die Aussagen zu nennen, die Jesus und den Vater identifizieren: Joh 10,30 („Ich und der Vater sind eins"); 14,9 („Wer mich gesehen hat, hat den Vater gesehen").

[66] In der Arbeit von HARRIS ist die Untersuchung von Hebr 1,8–9 (a. a. O. 205–227) ein eigenes Kapitel zu Ps 45,7–8 [Zählung nach MT] vorangestellt (a. a. O. 187–204).

[67] Der Nominativ (in der Regel mit Artikel) steht in der LXX und

Thron") oder Prädikatsnomen („Dein Thron ist Gott") wäre zwar sprachlich ebenfalls möglich, liegt aber vom Psalmkontext her nicht nahe und wird nur selten vertreten.[68] Weniger sicher ist dies in V. 9 mit dem zweimaligen ὁ θεός: Hier kann das erste ὁ θεός ebenfalls als Vokativ verstanden werden, auf den dann ὁ θεός σου als Subjekt folgt (so oben übersetzt). Die andere Möglichkeit ist, das erste ὁ θεός als Subjekt, das ὁ θεός σου als Apposition aufzufassen („darum hat Gott, dein Gott, dich gesalbt …"). Die Interpunktion bei NA und GNT[4] läßt die Frage offen.[69] Im Kontext des Psalms spricht mehr für die zweite Auffassung: Von V. 3c her (διὰ τοῦτο εὐλόγησέν σε ὁ θεὸς εἰς τὸν αἰῶνα – „darum hat Gott dich gesegnet in Ewigkeit") kann man die exakt parallele Wortfolge διὰ τοῦτο ἔχρισέν σε ὁ θεός kaum anders verstehen, als daß ὁ θεός Subjekt ist. Zudem kommt die Abfolge von ὁ θεός und einem präzisierenden

---

im NT häufig für den Vokativ, was schon im klassischen Griechisch möglich ist; regelmäßig ist dies bei ὁ θεός der Fall (θεέ in der LXX selten, im NT nur Mt 27,46). Siehe hierzu BDR § 147.

[68] Zu beachten ist innerhalb des Psalms die Parallelität mit dem vorausgehenden Versanfang (V. 6a: „Deine Pfeile sind scharf, Mächtiger"). – Liest man am Ende von Hebr 1,8 mit 𝔓[46], ℵ und B τῆς βασιλείας αὐτοῦ („seines Königtums", so noch NA[25]), dann legt sich allerdings eher ein Verständnis von ὁ θεός als Nominativ nahe. Diese Lesart ist aber wahrscheinlich dogmatische Korrektur (nur der Vater ist „Gott"); sie findet sich nicht in der LXX-Überlieferung (jedenfalls nach der Göttinger Ausgabe von Rahlfs, Psalmi cum Odis, 152f.). Sollte der Verfasser des Hebräerbriefes sie doch in seiner Vorlage gelesen haben, könnte das gegenüber dem LXX-Text überschüssige καί von ihm stammen, um aus 8a und 8b zwei getrennte Zitate zu machen (so in der Einheitsübersetzung wiedergegeben). Vgl. dazu Metzger, Textual Commentary, 592f.; Weiss, KEK XIII, 165 Anm. 35; Grässer, EKK XVII/1, 83f.

[69] So auch beide Ausgaben des LXX-Textes von Rahlfs (im vorausgehenden V. 7 dagegen ist vor und hinter ὁ θεός jeweils ein Komma gesetzt, wodurch das vokativische Verständnis festgeschrieben wird). – In GNT[1–3] ist ὁ θεός σου durch die Kommasetzung als Apposition markiert (wie z. B. auch in der Ausgabe von Westcott/Hort); in den Ausgaben von Tischendorf und von Soden ist dagegen ὁ θεός durch Kommata abgetrennt, also als Vokativ gekennzeichnet. Zur unterschiedlichen Textsegmentierung in wichtige Ausgaben und Übersetzungen siehe auch den Interpunktionsapparat in GNT[4].

zweiten ὁ θεός + Genitiv im Psalter häufiger vor.[70] Im Kontext des Hebräerbriefes ist es aber durchaus wahrscheinlich,
daß eine zweimalige Anrede des Sohnes als „Gott" intendiert ist – geht es ja in diesem Abschnitt (1,5–13) gerade um
die Häufung der Hoheitstitel, in der Absicht, die Überle-
genheit des Sohnes über die Engel zu erweisen (V. 5
„Sohn", V. 6 „Erstgeborener", V. 8f. „Gott", V. 10 „Herr").
Daher rechnet die Mehrheit der Exegeten in Hebr 1,8f. mit
einer zweimaligen Anrede des Sohnes als „Gott".[71]

*2) Joh 1,1*

Ἐν ἀρχῇ ἦν ὁ λόγος, καὶ ὁ λόγος ἦν πρὸς τὸν θεόν, καὶ
θεὸς ἦν ὁ λόγος.
„Am Anfang war das Wort, und das Wort war bei Gott, und
Gott war das Wort."

Zwar ist im Johannesprolog explizit nur vom „Logos"
oder „Wort" die Rede, aber es ist – zumindest im Kontext
des Johannesevangeliums – völlig unbestritten, daß hiermit
Jesus Christus gemeint ist.[72] Somit bezieht sich die Aussage
θεὸς ἦν ὁ λόγος eindeutig auf ihn. Diskutiert wird jedoch
die genaue Bedeutung des artikellosen θεός: Soll dadurch
gegenüber Gott dem Vater (ὁ θεός) eine niedrigere Stufe
der Göttlichkeit angedeutet werden (vgl. Joh 14,28)? Ist
θεός gar als Adjektiv im Sinne von „göttlich" aufzufassen?[73]

---

[70] Vgl. ψ 21,2; 42,4; 47,15; 49,7; 50,16; 62,2; 66,7; 71,18; außerdem
Jdt 9,4; 13,11.

[71] So BROWN, 562f., der jedoch in einer Fußnote die Möglichkeit zu-
gesteht, ὁ θεός σου in V. 9 als Apposition aufzufassen. Etliche Kom-
mentatoren sprechen von einer zweimaligen Anrede, ohne die alternative Auffassung überhaupt zu erwähnen – etwa BRAUN, HNT 14,
38–41; HEGERMANN, ThHK 16, 49 (Übers.). 54; WEISS, KEK XIII, 155
(Übers.). 166; GRÄSSER, EKK XVII/1, 70 (Übers.). 84; KARRER, ÖTK
20/1, 126 (Übers.). 141f. (differenzierter WINDISCH, HNT 14, 16). –
HARRIS, 218–220.227, hält eine solche Uminterpretation des zitierten
Psalmverses durch den Autor des Hebräerbriefes für unwahrscheinlich.

[72] Zur Diskussion um mögliche Vorstufen des Johannesprologs und
sein Verhältnis zum restlichen Evangelium muß hier auf die Kommentare und die dort genannte Spezialliteratur verwiesen werden.

[73] Ein solches subordinatorisches Verständnis des artikellosen θεός
wird meist unter Berufung auf Philon von Alexandria vertreten, der
streng zwischen θεός und ὁ θεός unterscheidet und damit den Monotheismus sicherstellt (explizit auf den Logos bezogen: Som I 229f.).

Dagegen läßt sich einwenden, daß Artikellosigkeit beim Prädikatsnomen nichts Ungewöhnliches ist und ein Artikel an dieser Stelle unklar gemacht hätte, daß der Logos Subjekt von V. 1c ist und nicht der in V. 1b genannte Gott (was auch einen logischen Widerspruch zwischen 1b und 1c zur Folge hätte).[74] Im Deutschen sollte man V. 1c daher besser übersetzen: „und das Wort war Gott".

Vom Kontext des Evangeliums her ist besonders auf zwei Stellen hinzuweisen, die mit 1,1 eng verklammert sind: Zunächst auf 1,18, den letzten Vers des Prologs, in dem erstens ein artikelloses θεόν auf Gott den Vater verweist und zweitens Christus (wahrscheinlich) als μονογενὴς θεός bezeichnet wird[75]. Somit bilden erster und letzter Vers des Prologs eine *inclusio*. Die zweite Stelle findet sich am ursprünglichen Ende des Evangeliums[76] in 20,28, wo Thomas den auferstandenen Christus als ὁ κύριός μου καὶ ὁ θεός μου tituliert. Sie bildet mit dem Anfang des Evangeliums eine zweite *inclusio*. Beide Stellen werfen ihr Licht auf 1,1 und lassen nicht erkennen, daß θεός gegenüber ὁ θεός im johanneischen Denken irgendeine Minderung impliziert.[77]

## 3) *Joh 20,28*

ἀπεκρίθη Θωμᾶς καὶ εἶπεν αὐτῷ· ὁ κύριός μου καὶ ὁ θεός μου.

„Thomas antwortete und sprach zu ihm: Mein Herr und mein Gott!"

---

Allerdings kann Philon den Logos auch als „zweiten Gott" titulieren (All II 86; Quaest in Gn II 62) und gebraucht, wenn er ihn als „göttlich" bezeichnen will, das Adjektiv θεῖος (Opif 20. 31. 36. 146; All III 171. 218 u. ö.).

[74] HARRIS hat der Frage der Artikelsetzung im Neuen Testament, die ja im Zusammenhang unserer Fragestellung öfter eine Rolle spielt, einen ausführlichen Exkurs gewidmet (Appendix I, a. a. O. 301–313). Joh 1,1 behandelt er a. a. O. 51–71 (darin 59–67 Gründe für die Artikellosigkeit von θεός).

[75] In einigen Handschriften sogar als ὁ μονογενὴς θεός. Siehe zu dieser textkritisch umstrittenen Stelle oben S. 107f.

[76] Mit der Mehrheit der Forschung sehe ich in Joh 20,30f. den ursprünglichen Buchschluß und in Kap. 21 einen Nachtrag von anderer Hand. Zur Begründung sei auf die Kommentare und Einleitungswerke verwiesen.

[77] So BROWN, 563–565.

Die Thomas-Szene mit ihrem persönlichen Bekenntnis ist der sicherste Beleg für die Bezeichnung Jesu als „Gott" im Neuen Testament.[78] Der Form nach kann es sich um ein verkürztes Bekenntnis im Nominativ handeln (dann wäre σὺ εἶ zu ergänzen) oder um eine Anrede (Nominativ mit Artikel für Vokativ).[79] Letzteres liegt näher, vor allem wenn man den Sprachgebrauch der LXX vergleicht; die engste Parallele stellt die Anrede in ψ 34,23 dar (ὁ θεός μου καὶ ὁ κύριός μου)[80]. Auch außerbiblische Belege für diese Bekenntnisformulierung werden herangezogen, besonders die von Kaiser Domitian beanspruchte Titulatur _dominus et deus noster_.[81] Ob hier indes eine Anspielung auf den Kaiserkult vorliegt, ist umstritten.

Im Kontext des Evangeliums stellt das Thomasbekenntnis einen Höhepunkt dar; es bildet den Abschluß aller bisherigen Bekenntnisse des Evangeliums (1,49; 4,42; 6,69; 9,37f.; 11,27; 16,30), die es unter Rückbezug auf 1,1 und 1,18 übertrifft.

---

[78] Vgl. die eingangs zitierte Einschätzung von BULTMANN, Das christologische Bekenntnis, 248f. Als sicher sehen die Stelle auch BROWN, 565, und HARRIS, 105–129, an. Sie weisen jedoch darauf hin (BROWN, a. a. O.; HARRIS, 108f.), daß Theodor von Mopsuestia die Worte des Thomas als an Gott adressierte Danksagung aufgefaßt habe, HARRIS, a. a. O., fügt für diese Auffassung noch den Namen Faustus Socinus (Fausto Sozzini, † 1604, Begründer der die Gottheit Christi ablehnenden Kirche der Sozinianer) hinzu; beide nennen jedoch keine genauen Stellen. Bei Theodor von Mopsuestia könnte es sich um einen Irrtum handeln; die von DEVREESSE, Essai, 289–419, edierten Fragmente von Theodors Johanneskommentar bestätigen die unterstellte Interpretation jedenfalls nicht, s. Frgm. 138 (p. 417,23f.): Τὸν ἀναστάντα καὶ ψηλαφηθέντα ὁ Θωμᾶς καλεῖ Κύριον καὶ Θεόν).

[79] Vgl. BULTMANN, KEK II, 538 Anm. 7; SCHNACKENBURG, HThK IV/3, 396 (jeweils unter Hinweis auf BD[R] § 147; vgl. oben Anm. 67). – Im Johannesevangelium finden sich Bekenntnisse mit σὺ εἶ in 1,49; 6,69; 11,27.

[80] Vgl. auch ψ 29,3; 85,15; 87,2 (κύριε ὁ θεός).

[81] Sueton, Domitianus 13,2. Dieser und weitere pagane Belege bei DEISSMANN, Licht vom Osten, 309f.

## IV. Weitere in der Forschung diskutierte Stellen

Die Untersuchung, die bis hierher an der Darstellung von Brown orientiert war, hat ergeben, daß Jesus an drei neutestamentlichen Textstellen (Hebr 1,8[f.]; Joh 1,1; 20,28) eindeutig als ϑεός bezeichnet wird und daß an fünf weiteren Stellen (Joh 1,18; Tit 2,13; 1Joh 5,20; Röm 9,5; 2Petr 1,1) eine gewisse (bei Joh 1,18; Röm 9,5 und 2Petr 1,1 sogar eine hohe) Wahrscheinlichkeit für diese Titulierung besteht, während vier weitere, ebenfalls diskutierte Stellen (Gal 2,20; Apg 20,28; Kol 2,2f.; 2Thess 1,12) eher nicht als Belege für die Bezeichnung Jesu als „Gott" in Frage kommen.

Dieser Befund ist nun noch einmal mit dem der Arbeit von Harris zu vergleichen, die in der bisherigen Diskussion der Stellen schon durchgängig berücksichtigt worden ist. In dieser werden neun "major texts" ausführlich behandelt und nach vier Graden der Wahrscheinlichkeit eingestuft, ob sie von Jesus Christus als „Gott" sprechen (Hebr 1,8–9 wird zwar auf zwei Kategorien verteilt, aber als *ein* "major text" gezählt). Harris kommt zu folgender Zuordnung[82]:

a. Certainly in John 1:1, 20:28
b. Very probably in Rom 9:5, Titus 2:13, Heb 1:8, 2Pet 1:1
c. Probably in John 1:18
d. Possibly in Acts 20:28, Heb 1:9, 1John 5:20

Im Vergleich zu Brown werden bei Harris also Hebr 1,8.9; Joh 1,18; 1Joh 5,20 etwas weniger positiv und Tit 2,13 etwas positiver eingeschätzt. Die Gesamtzahl der ‚eindeutigen‘ und der ‚sehr wahrscheinlichen‘ Belegstellen (2 + 4) stimmt allerdings mit der bei Brown (3 + 3) wieder überein.

Außer den neun "major texts" werden von Harris noch – erheblich knapper – sieben "other texts" besprochen, bei denen eine christologische Deutung von (ὁ) ϑεός vertreten worden ist, aber nach seiner Meinung unwahrscheinlich ist. Es handelt sich um Mt 1,23; Joh 17,3; Gal 2,20; Eph 5,5; Kol 2,2; 2Thess 1,12 und 1Tim 3,16.

---

[82] Die Aufstellung findet sich a. a. O. 49 innerhalb einer "Classification of the New Testament Use of ϑεός" in der Einleitung (ebd. 48f.); vgl. auch das Resümee a. a. O. 271–273 (tabellarische Übersicht: 272).

Drei dieser Stellen (Gal 2,20; Kol 2,2; 2Thess 1,12) werden auch von Brown diskutiert (ebenfalls mit negativem Ergebnis), sind also oben bereits besprochen worden. Joh 17,3 kommt bei Brown im ersten Abschnitt vor als Beleg für eine klare Unterscheidung zwischen Gott und Christus.[83] Harris sieht es ebenso, weist aber auf einen Vorschlag von Wilhelm Bousset hin, die Wendung τὸν μόνον ἀληθινὸν θεόν sowohl auf Gott (σέ) als auch auf Christus (ὃν ἀπέστειλας Ἰησοῦν Χριστόν) zu beziehen, was jedoch dem klaren Parallelismus des Satzes widerspreche.[84]

Es bleiben also aus der Studie von Harris drei von uns bisher nicht betrachtete Stellen; sie sollen der Vollständigkeit halber hier noch kurz vorgestellt werden. Eine vierte, die sowohl bei Brown als auch bei Harris nur in Fußnoten Erwähnung findet – nämlich Jak 1,1 – möchte ich dann noch anfügen.

## 1) Mt 1,23

Im ersten Erfüllungs- oder Reflexionszitat des Matthäusevangeliums wird bekanntlich Jes 7,14 LXX zitiert, um die (Jungfrauen-)Geburt Jesu als Erfüllung eines Prophetenwortes zu erweisen. Dabei wird die Nennung des Namens, den das Kind bekommen soll, über die Vorlage hinaus (vgl. aber Jes 8,8) mit einer griechischen Übersetzung versehen: Ἐμμανουήλ, ὅ ἐστιν μεθερμηνευόμενον μεθ’ ἡμῶν ὁ θεός. Grammatisch ist hier die Frage, ob μεθ’ ἡμῶν attributiv („der mit uns [seiende] Gott"; „der Gott mit uns") oder prädikativ („Gott [ist] mit uns") zu verstehen ist. Beim attributiven Verständnis wäre das Kind selbst als „Gott" bezeichnet, und dies ist – unter Hinweis auf die *inclusio* zwischen Mt 1,23 und 28,20 (ἐγὼ μεθ’ ὑμῶν εἰμι) – tatsächlich gelegentlich behauptet worden. Die griechische Wortstellung spricht aber eindeutig für ein prädikatives Verständnis[85] und legt daher (wie schon die hebräische Vorlage עמנו אל) die

---

[83] BROWN, 550; vgl. oben S. 103f.

[84] HARRIS, 258f., in Auseinandersetzung mit BOUSSET, Kyrios Christos, 317 (der sich auf die von ihm angenommene Bezeichnung Jesu als ὁ ἀληθινὸς θεός in 1Joh 5,20 beruft; vgl. dazu oben bei Anm. 50).

[85] Korrekte attributive Wortstellung wäre ὁ μεθ’ ἡμῶν θεός oder ὁ θεός ὁ μεθ’ ἡμῶν.

Auffassung als Nominalsatz näher. Wohl ist Gott im Träger des Namens präsent, um seinem Volk beizustehen (vgl. 2Kor 13,11), aber dieser wird nicht selbst als „Gott" bezeichnet.[86]

## 2) *Eph 5,5*

Der Verfasser des Epheserbriefes stellt im Rahmen eines Lasterkatalogs fest, „daß kein Unzüchtiger oder Unreiner oder Habsüchtiger – das heißt kein Götzendiener – ein Erbteil hat im Reich Christi und Gottes (οὐκ ἔχει κληρονομίαν ἐν τῇ βασιλείᾳ τοῦ Χριστοῦ καὶ θεοῦ)". Während im Corpus Paulinum sowohl vom „Reich Gottes" als auch vom „Reich Christi" öfter die Rede ist[87], ist der Bezug der βασιλεία auf beide an dieser Stelle ungewöhnlich[88]. Deshalb und weil vor θεοῦ kein Artikel steht, ist gelegentlich vorgeschlagen worden, das καί hier als epexegetisch zu verstehen („im Reich Christi, der auch Gott ist"). Aber das καί epexegeticum oder explicativum ist im Neuen Testament sonst immer mit „und zwar" bzw. „nämlich" wiederzugeben[89]; beim hier gemeinten Fall wäre eher ein erläuternder Relativsatz zu erwarten (ὅ/ὅς ἐστιν, vgl. Eph 1,14; Gal 3,16). Unwahrscheinlich ist auch, daß die Behauptung der Gottheit Christi durch den Verfasser des Epheserbriefes in so beiläufiger Weise ausgesprochen sein sollte. Das Fehlen des Artikels vor θεός ist, wie wir oben mehrfach gesehen haben, nicht so ungewöhnlich und könnte hier die Einheit des auf Christus und auf Gott bezogenen Reiches hervorheben.[90]

---

[86] Vgl. HARRIS, 256–258. Ähnlich sieht es LUZ, EKK I/1⁵, 150 (gegenüber EKK I/1¹, 105, erheblich präzisiert), der Matthäus hier eine „außerordentlich hohe christologische Perspektive" bescheinigt und dann klarstellt: „Er hat zwar nicht Jesus mit Gott identifiziert, wohl aber angedeutet, daß für ihn Jesus die Gestalt ist, in der Gott bei seinem Volk und später bei allen Völkern gegenwärtig sein wird." Weitere Anspielungen auf das Mit-uns-Sein Gottes bzw. Christi finden sich in Mt 17,17; 18,20; 26,29.

[87] Reich Gottes: Röm 14,17; 1Kor 4,20; 6,9f.; 15,50; Gal 5,21; Kol 4,11; 2Thess 1,5; vgl. 1Thess 2,12. Reich Christi: Kol 1,13; 2Tim 4,1.18; vgl. 1Kor 15,24.

[88] Im NT sonst nur noch Offb 11,15.

[89] Siehe BDR § 442,6a und die dort Anm. 18 angeführten Beispiele.

[90] Vgl. HARRIS, 261–263. Die neueren Kommentare gehen auf diese

## 3) 1Tim 3,16

Beginnend mit einem grammatisch unpassenden Relativpronomen (ὅς bezogen auf das Neutrum μυστήριον), fügt der Verfasser der Pastoralbriefe in 1Tim 3,16 eine ihm wohl bereits vorgegebene Textpassage ein[91]: καὶ ὁμολογουμένως μέγα ἐστὶν τὸ τῆς εὐσεβείας μυστήριον· ὃς ἐφανερώθη ἐν σαρκί, ἐδικαιώθη ἐν πνεύματι, ὤφθη ἀγγέλοις, ἐκηρύχθη ἐν ἔθνεσιν, ἐπιστεύθη ἐν κόσμῳ, ἀνελήμφθη ἐν δόξῃ („Und anerkanntermaßen groß ist das Geheimnis der Frömmigkeit: der offenbart wurde im Fleisch, gerechtfertigt im Geist, erschienen den Engeln, verkündet unter den Völkern [Heiden], geglaubt in der Welt, aufgenommen in Herrlichkeit").

Nun gibt es statt des grammatisch schwierigen ὅς die breit bezeugte Textvariante θεός (ℵᶜ, Aᶜ, C², D², Ψ sowie die Mehrheit der Minuskelhandschriften), die aus dem Relativsatz einen eigenständigen Hauptsatz macht: „Gott wurde offenbart im Fleisch, …".[92] Wäre dies die ursprüngliche Lesart, dann läge hier eine weitere Stelle vor, an der Jesus Christus (denn von ihm ist eindeutig die Rede) als θεός bezeichnet wird. Aber der textkritische Befund ist klar: Zum einen hat die Lesart ὅς die ältesten und besten Majuskelhandschriften für sich (ℵ*, A*, C*, F, G), während θεός handschriftlich erst ab dem neunten oder zehnten Jahrhun-

---

Diskussion meist gar nicht ein; vgl. aber die konzisen Bemerkungen bei BEST, Ephesians (ICC), 482. – Daß die Stelle schon frühzeitig für Anstoß gesorgt hat, zeigt die Textgeschichte: 𝔓⁴⁶ läßt den Bezug auf Christus aus (ἐν τῇ βασιλείᾳ τοῦ θεοῦ); F, G und der Ambrosiaster stellen die Reihenfolge um (ἐν τῇ βασιλείᾳ τοῦ θεοῦ καὶ Χριστοῦ); beides wohl aus dogmatischen Erwägungen.

[91] Der Zitatcharakter der Passage ist weitgehend anerkannt. Meist wird sie der Gattung „Hymnus" oder „Lied" zugerechnet (zusammen mit Phil 2,6–11; Kol 1,15–20 u. a., die angeblich ebenfalls mit einem ὅς beginnen); ihr Sprachduktus sowie das Stichwort ὁμολογουμένως bei der Einführung deuten aber m. E. eher darauf hin, daß es sich um einen frühchristlichen Bekenntnistext handelt, dessen ursprüngliche Einleitung das Bezugswort für das ὅς enthalten hat (etwa „Wir glauben an den Christus, der…"). Siehe zur grundsätzlichen Problematik BRUCKER, ‚Christushymnen', *passim*, speziell zu 1Tim 3,16 ebd. 351.

[92] Durch den *textus receptus* des Erasmus wurde diese Lesart Grundlage für die Lutherbibel (bis hin zur Revision von 1912; ambivalent 1956: „ER"; eindeutig zurückgenommen erst 1984: „Er") und die KJV.

dert[93] bezeugt ist; dies gilt auch für die Kirchenväter bis zum letzten Drittel des vierten Jahrhunderts. Zum anderen stellt ὅς die *lectio difficilior* dar, die eine ‚Korrektur‘ durch den Schreiber geradezu provoziert. So läßt sich die Lesart ὅ (D\*, Vulgata u. a.) als Angleichung des Relativpronomens an das neutrische Bezugswort μυστήριον gut nachvollziehen, und auch die Entstehung von θεός aus ursprünglichem ὅς läßt sich leicht erklären: Da die *nomina sacra* in den alten Handschriften normalerweise abgekürzt werden, kann ein Schreiber das OC seiner Vorlage versehentlich (vielleicht aufgrund einer Unebenheit auf dem Material) als ΘC gelesen haben und brauchte dann nur noch die Überstreichung zu ergänzen; dies könnte auch absichtlich geschehen sein, um statt eines unpassenden Relativpronomens ein ‚richtiges‘ Subjekt für die folgenden sechs Verben zu erhalten.[94]

Die Wirkungsgeschichte dieser Textvarianten zeigt, daß Textkritik durchaus Konsequenzen für das Leben haben kann: Die Stelle führte 511 zum Sturz des Patriarchen Makedonios II. von Konstantinopel, weil er die Lesart θεός vertrat; dies trug ihm den Vorwurf einer Unterstützung des Nestorianismus ein, woraufhin er vom Kaiser Anastasios I. abgesetzt wurde. 1730 führte sie zum Ende der akademischen Laufbahn von Johann Jakob Wettstein, weil er aufgrund seiner Untersuchung des Codex Alexandrinus die Lesart ὅς vertrat und sich damit gegen den *textus receptus* stellte; dies trug ihm eine Klage von Vertretern der theologischen Orthodoxie vor dem akademischen Senat der Universität Basel ein.[95]

### 4) Jak 1,1

Das Präskript des Jakobusbriefes beginnt mit der Absenderangabe Ἰάκωβος θεοῦ καὶ κυρίου Ἰησοῦ Χριστοῦ δοῦλος

---

[93] So die Datierung der Athoshandschrift Ψ in NA[27], 693 (NA[27,8]: 694). Sonst wird sie auf das achte oder neunte Jahrhundert datiert (so NA[26], 693; GNT[4], 904; ALAND, Der Text des Neuen Testaments, 123; METZGER, Der Text des Neuen Testaments, 60; DERS., Textual Commentary, 574).

[94] Vgl. HARRIS, 267f.; ALAND, Der Text des Neuen Testaments, 285; ROLOFF, EKK XV, 190f.; METZGER, Textual Commentary, 573f. – BROWN, 551 Anm. 17, begründet in zwei Zeilen, warum er diese Stelle keiner ernsthaften Erwägung für wert hält.

[95] STENGER, Textkritik als Schicksal (kurz referiert bei ROLOFF, EKK XV, 191).

(„Jakobus, Sklave Gottes und des Herrn Jesus Christus"). Die Selbstbezeichnung als δοῦλος Χριστοῦ (Ἰησοῦ) ist besonders bei Paulus geläufig (Röm 1,1; Gal 1,10; Phil 1,1; vgl. auch 2Petr 1,1), δοῦλος θεοῦ kommt dagegen sonst nur noch Tit 1,1 vor[96]. Die in Jak 1,1 vorliegende Kombination beider ist einmalig; allerdings gibt es, besonders in den Präskripten der paulinischen Briefe, Wendungen, die Gott den Vater und den Herrn Jesus Christus in einem Atemzug nennen (vgl. 1Kor 1,1; Gal 1,10 sowie den abschließenden Gnadenwunsch aller paulinischen Briefpräskripte; daneben bes. 1Kor 8,6). Die Artikellosigkeit von θεοῦ und κυρίου an unserer Stelle könnte jedoch dazu verleiten, die Wendung nicht binitarisch zu verstehen, sondern θεὸς καὶ κύριος als Doppeltitel auf Jesus Christus zu beziehen („Jakobus, Sklave des Gottes und Herrn Jesus Christus"). Auf diese Interpretationsmöglichkeit gehen die modernen Kommentare in der Regel nicht ein, obwohl sie sprachlich möglich ist.[97] In neuerer Zeit ist sie von François Vouga wieder vorgeschlagen worden, der sich dafür auch auf altkirchliche Auslegungen beruft.[98] Dagegen spricht vor allem, daß Jesus im Jakobusbrief sonst nicht als „Gott" bezeichnet wird und daß der Doppeltitel θεὸς καὶ κύριος weder im Neuen Testament noch in der LXX vorkommt und auch sonst ausgesprochen selten ist[99], während andererseits die Wendung κύριος

---

[96] Vgl. noch die mehrdeutige Fremdbezeichnung δοῦλοι τοῦ θεοῦ τοῦ ὑψίστου Apg 16,17 und dazu im vorliegenden Band den Beitrag von ODA WISCHMEYER, S. 14–16.

[97] DIBELIUS, KEK XV, 94, widmet ihr immerhin einen Satz: „θεός auf Christus zu beziehen, ist durch nichts nahegelegt." – BROWN, 555 Anm. 26, geht in einer Fußnote auf sie ein, und HARRIS, 256 Anm. 1, nennt Jak 1,1 in einer Aufzählung von Stellen, an denen eine christologische Verwendung von θεός vereinzelt vertreten worden sei (neben Lk 1,16f.; 8,39; 9,43; 1Thess 4,9; 1Tim 1,1; 5,21; 2Tim 4,1; Tit 1,3; 3,4; Hebr 3,4; Jud 4; mit kurzer Diskussion nur 1Tim 1,17); vgl. noch die knappen Bemerkungen ebd. 262 Anm. 22 u. 264 Anm. 41.

[98] VOUGA, CNT XIIIa, 31.36.

[99] Belege bei MOULTON/MILLIGAN, Vocabulary, 287. – Die Vulgata hat *Iacobus Dei et Domini nostri Iesu Christi servus* (in NA nicht verzeichnet) und kommt damit der oben (bei Anm. 81) erwähnten aus dem Kaiserkult bekannten Formel *dominus et deus noster* nahe; wahrscheinlich liegt aber eher Angleichung an Jak 2,1 sowie an zahlreiche entsprechende Stellen vor (so auch 1Kor 6,11; 2Kor 13,13; Offb 22,21;

Ἰησοῦς Χριστός im Neuen Testament überaus häufig ist
(sogar in der hier vorliegenden Form καὶ κυρίου Ἰησοῦ
Χριστοῦ)[100] und daher schon als Einheit wahrgenommen
wird. Man kann aber sagen, daß die Formulierung das genau
Gemeinte in der Schwebe läßt und daß auch bei zweigliedri-
ger Auflösung Gott und Christus hier sehr eng zusammen-
gerückt werden.[101]

## V. Die Implikationen der Bezeichnung Jesu als „Gott" für den biblischen Monotheismus

Überblickt man nochmals die diskutierten Stellen, so ist zunächst festzustellen, daß die Bezeichnung Jesu als θεός im
Neuen Testament die Ausnahme, nicht der Normalfall ist:
Selbst wenn man den Maximalfall von neun Belegen vertritt,
so macht diese Zahl angesichts von insgesamt über 1300
Belegen von θεός im Neuen Testament nur einen minima-
len Anteil aus.[102] Schon zahlenmäßig ist klar: Der Gott des
Neuen Testaments ist der Gott der Schriften Israels. Von
diesem ist Jesus Christus klar unterschieden und ihm an
mehreren Stellen sogar explizit untergeordnet.

Zweitens haben wir gesehen, daß alle Stellen, an denen
mit einer gewissen Wahrscheinlichkeit von Jesu als θεός gesprochen wird, auch anders gelesen werden können – sei es
aufgrund ihrer syntaktischen Offenheit (die z. T. durch die
Interpunktion in die eine oder andere Richtung vereindeu-
tigt wird), sei es aufgrund von überlieferten Textvarianten.

---

textkritisch auch im Griechischen unsicher 1Kor 5,4; 2Kor 1,14; 2Thess
3,6; Phlm 25).

[100] Vgl. dazu oben S. 110f. die Diskussion von 2Thess 1,12 (bes. den
Hinweis in Anm. 35).

[101] KARRER, Christus der Herr, 168f.; so auch POPKES, ThHK 14, 71. –
Die Mißverständlichkeit oder „Schwebe" der Formulierung wird auch
dadurch bestätigt, daß einige Minuskelhandschriften – offensichtlich,
um die Wendung eindeutig zu machen – hinter θεοῦ das Wort πατρός
einfügen (s. NA App.). – Zur Einheit von Gott und Christus vgl. auch
das oben S. 127 zu Eph 5,5 Gesagte.

[102] Vgl. HARRIS, 274. Ebd. Anm. 2 eine Übersicht über die Zahl der
nach verschiedenen Forschern auf Jesus bezogenen θεός-Stellen in ab-
steigender Reihenfolge von 10 bis 2.

Eindeutigkeit ist nur in drei (Brown) oder zwei (Harris) Fällen – vielleicht sogar nur in einem Fall (Bultmann) – gegeben.

Drittens kann man die Beobachtung machen, daß die relevanten Stellen mit Ausnahme von Röm 9,5 in den jüngeren Schriften des Neuen Testaments anzutreffen sind[103]: Der Hebräerbrief (Hebr 1,8f.), das Johannesevangelium (Joh 1,1.18; 20,28) und die Johannesbriefe (1Joh 5,20) sowie die Pastoralbriefe (Tit 2,13) sind am wahrscheinlichsten in den Zeitraum zwischen 90 und 110 einzuordnen (das gilt auch für den Jakobusbrief [Jak 1,1]; für die Pastoralbriefe kann auch eine spätere Datierung erwogen werden), und der 2. Petrusbrief wird heute meist um 120–130 angesetzt.[104] Wir kommen damit in die zeitliche Nähe zum eingangs erwähnten Ignatius von Antiochia, dessen Briefe wahrscheinlich um 110–117 geschrieben wurden.[105]

Es liegt nahe, das relativ späte, ab dem zweiten Jahrhundert vermehrte Auftreten der Prädikation dem zunehmenden hellenistischen Einfluß zuzuschreiben: Angesichts der vielen Götter in der antiken Umwelt werde die Erhöhung Jesu mehr und mehr als Vergottung gedeutet, und der strenge Monotheismus Israels trete zurück.[106]

Gegenüber einer solchen Sicht macht Martin Karrer[107] – m. E. zu Recht – darauf aufmerksam, daß immer eine „eindeutige Orientierung der Quellen an dem einen Gott, dem Gott Israels" zu verzeichnen ist: „Das urchristliche

---

[103] Dieselbe Beobachtung läßt sich in Hinsicht auf das eingangs erwähnte Prädikat σωτήρ machen, das bezogen auf Jesus einmal bei Paulus (Phil 3,20) und dann erst wieder in späteren Schriften (Eph 5,23; Lk 2,11; Apg 5,31; 13,23; Joh 4,42; 1Joh 4,14; 2Tim 1,10 [vgl. 1,9]; Tit 1,4; 2,13; 3,6; 2Petr 1,1.11; 2,20; 3,2.18) vorkommt.

[104] Zu diesen Datierungen sei auf die neueren Einleitungen, auch in den Kommentaren, verwiesen. HARRIS, 276–278, bestreitet die Beobachtung; er vertritt aber extreme Frühdatierungen für einige Schriften und nimmt Joh 20,28 als historischen Ausspruch des Thomas, so daß er auf das Jahr 30 (oder 33) für den frühesten Beleg kommt.

[105] Vgl. PAULSEN, HNT 18, 4.

[106] So wird die Entwicklung etwa bei CASEY, From Jewish Prophet to Gentile God, wie bereits im Titel angedeutet, als zunehmende Entfernung von den Ursprüngen skizziert; zu seinen hermeneutischen Konsequenzen siehe a. a. O. 172–178.

[107] KARRER, Jesus Christus im Neuen Testament, 330.

‚theos'-Prädikat ist an keiner Stelle eine Bezeichnung Jesu als ‚Gott' *neben* dem einen Gott. Sie ist es immer *aus* ihm." Seine Erklärung für die späte Ausbreitung des Prädikats geht nicht von der Verwendung, sondern von der Verzögerung aus: „*Die entscheidende Leistung des frühen Christentums ist* [...] nicht, das ‚theos'-Prädikat überhaupt zu setzen", sondern „vielmehr, *den Gebrauch zu retardieren, bis sein relationales Gefüge geklärt ist*: Von Jesus als ‚Gott' reden heißt, seine Beziehung zu dem einen Gott erfahren und benennen".[108] Dies sieht Karrer als „Sicherung gegen eine Verwechslung mit den vielen paganen Göttern, Halbgöttern, aufsteigenden und absteigenden Wesen [...], die griechisch das Attribut ‚theos', ‚Gott', tragen".[109] Die bei Paulus beginnenden „Schwebeformulierungen" erweisen sich in dieser Perspektive als bewußte „Umschreibungen, die das Prädikat ‚theos' vermeiden".[110] So kann Karrer die „hohe Christologie" im Neuen Testament letztlich als „eine Explikation des Monotheismus" interpretieren.[111]

In Hinsicht darauf, ob das Gottesprädikat im Neuen Testament etwas über die „Natur" Jesu aussagt, knüpft Karrer implizit an Bultmann an: Er betont, daß es sich bei „Theos" um eine „Relationsbezeichnung" handele (was Bultmann mit *pro me* umschrieben hat). Im Neuen Testament wie in seiner Umwelt sei das Gottesprädikat nicht ontologisch, sondern funktional zu verstehen.[112]

Dazu sei allerdings die Anfrage erlaubt, ob diese Unterscheidung nicht etwas künstlich bzw. zu modern ist. Abgesehen von der grundsätzlichen Frage, ob der (primär) funktionale Charakter des Gottesprädikats ontologische Züge völlig ausschließen muß, lassen auch einige der untersuchten neutestamentlichen Stellen hier Zweifel aufkommen: Wenn die Wendung ὁ ὢν ἐπὶ πάντων θεὸς in Röm 9,5 sich, wie sehr wahrscheinlich, auf Jesus bezieht, sollte das ὁ ὢν dann von Paulus nicht (auch) ontologisch verstanden worden sein? Wenn in Joh 1,1 ausgesagt wird, θεὸς ἦν ὁ λόγος („der

---

[108] A. a. O. 331 (Hervorhebungen im Original).
[109] Ebd.
[110] A. a. O. 332.
[111] Ebd. (Zitate im Original durch Kursivdruck hervorgehoben).
[112] A. a. O. 331; vgl. dazu VAN DER HORST, DDD² 692–699 (m. Lit.).

Logos war Gott"), sollte der Evangelist selbst das nicht als echte Seinsaussage verstanden haben? Im Kontext der oben besprochenen Stelle Hebr 1,8f. wird vom Sohn in bezug auf den Vater gesagt, er sei „der Abglanz seiner Herrlichkeit und das Ebenbild seines Wesens" (1,3: ὃς ὢν ἀπαύγασμα τῆς δόξης καὶ χαρακτὴρ τῆς ὑποστάσεως αὐτοῦ), und auch der 2. Petrusbrief spricht, kurz nachdem er (wahrscheinlich) Jesus Christus als θεὸς ἡμῶν καὶ σωτήρ bezeichnet hat (1,1), von der θεία φύσις Gottes, an der die Gläubigen Anteil haben sollen (1,4). Sollten die Verfasser hierbei nicht wirklich an das göttliche *Wesen*, sondern nur an dessen *Funktion* gedacht haben?[113]

Hier scheint mir noch Klärungsbedarf zu bestehen, um anachronistische Projektionen von der einen (Nicäa/Chalcedon) wie von der anderen Seite (Existentiale Theologie) zu vermeiden. Aber das wäre eine eigene Untersuchung.

## Literatur

### I. Benutzte Textausgaben und Übersetzungen

Biblia Hebraica Stuttgartensia, edd. Elliger/Rudolph/Schenker, Stuttgart [1967–1977] [5]1997.

Septuaginta. Id est Vetus Testamentum graece iuxta LXX interpretes, ed. Alfred Rahlfs, Stuttgart o. J. [1935 u. ö.]

Psalmi cum Odis, ed. Alfred Rahlfs (Septuaginta. Vetus Testamentum Graecum, Auctoritate Academiae Scientiarum Gottingensis editum, vol. X), Göttingen 1931 = [3]1979.

Τῆς Καινῆς Διαθήκης ἅπαντα. Novum Iesu Christi D. N. Testamentum. Ex Bibliotheca Regia, ed. Robert Estienne [Stephanus], Paris 1550.

Novum Testamentum Græce, ed. Karl Lachmann, Berlin 1831. – Testamentum Novum Græce et Latine, edd. Karl Lachmann/Philipp Buttmann, 2 Bde. Berlin 1842/1850.

Novum Testamentum Graece, ed. Constantinus Tischendorf. Editio octava critica maior, Leipzig 1869–1872.

The New Testament in the Original Greek, edd. Westcott/Hort, 2 Bde. Cambridge/London 1881.

---

[113] Siehe hierzu die auf jeden Fall bedenkenswerten Ausführungen bei HARRIS, 288–291 sowie 291–295.

Die Schriften des Neuen Testaments, ed. Hermann von Soden, 4 Bde. Göttingen 1902–1913.

NA: Novum Testamentum Graece, edd. Nestle/Aland, Stuttgart [25]1963, [26]1979, [27]1993 (8., korrigierter und um die Papyri 99–116 erweiterter Druck 2001).

GNT: The Greek New Testament, New York [1]1966, [2]1968, [3]1975, [3corr.]1983; Stuttgart [4]1993 (2nd print 1994).

Einheitsübersetzung: Die Bibel. Altes und Neues Testament. Einheitsübersetzung, Stuttgart bzw. Freiburg/Basel/Wien 1980.

Elberfelder Bibel, revidierte Fassung, Wuppertal 1993.

KJV: King James Version (Authorized Version) of the English Bible (1611), Cambridge 1769 ("Blayney Edition").

Lutherbibel 1545: Biblia: Das ist: Die gantze Heilige Schrifft / Deudsch / Auffs new zugericht. D. Mart. Luth., Wittenberg 1545 (Nachdruck München 1972).

Lutherbibel, Revisionen 1912 bzw. 1956 (NT)/1964 (AT): Die Bibel oder die ganze Heilige Schrift des Alten und Neuen Testaments nach der deutschen Übersetzung D. Martin Luthers, Stuttgart o. J.

Lutherbibel, Revision 1984: Die Bibel nach der Übersetzung Martin Luthers (Bibeltext in der revidierten Fassung von 1984), Stuttgart 1985.

NRSV: The New Revised Standard Version of the Bible, New York 1990.

RSV: The Holy Bible, Revised Standard Version, New York 1952.

## II. Übrige Literatur

ALAND, KURT und BARBARA: Der Text des Neuen Testaments. Einführung in die wissenschaftlichen Ausgaben sowie in Theorie und Praxis der modernen Textkritik, Stuttgart 1982; [2]1989.

BARRETT, C[HARLES] K[INGSLEY]: The Acts of the Apostles (ICC), Vol. I, Edinburgh 1994, Vol. II, [Edinburgh 1998] London/New York 2002 (korrigierter Nachdruck).

BAUCKHAM, RICHARD: Jude/2 Peter (WBC 50), Waco, Texas, 1983.

BEST, ERNEST: Ephesians (ICC), Edinburgh 1998.

BLASS, FRIEDRICH / ALBERT DEBRUNNER: Grammatik des neutestamentlichen Griechisch, bearbeitet von FRIEDRICH REHKOPF, Göttingen [14]1976 = [18]2001 (BDR).

BOUSSET, WILHELM: Kyrios Christos. Geschichte des Christusglaubens von den Anfängen des Christentums bis Irenaeus (FRLANT 21), Göttingen [1913] [2]1921.

BRAUN, HERBERT: An die Hebräer (HNT 14), Tübingen 1984.

BROWN, RAYMOND E.: Does the New Testament Call Jesus God? Theological Studies 26 (1965), 545–573.

BRUCKER, RALPH: ‚Christushymnen' oder ‚epideiktische Passagen'? Studien zum Stilwechsel im Neuen Testament und seiner Umwelt (FRLANT 176), Göttingen 1997.

BULTMANN, RUDOLF: Das christologische Bekenntnis des Ökumenischen Rates. Erstveröffentlichungen: SThU 22 (1951), 25–36, und EvTh 11 (1951/52), 1–13; Wiederabdruck in: DERS., Glauben und Verstehen II, Tübingen ⁵1968, 246–261.

BULTMANN, RUDOLF: Theologie des Neuen Testaments, Tübingen [1948–1953] ⁴1958 [seit der 5. Aufl. nur noch durch Nachträge erweitert, zuletzt ⁹1984, hg. v. Otto Merk].

BULTMANN, RUDOLF: Das Evangelium des Johannes (KEK ¹⁰II), Göttingen 1941 (= ²¹1986).

BULTMANN, RUDOLF: Die drei Johannesbriefe (KEK ⁷XIV), Göttingen 1967 (= ²1969).

CASEY, P. MAURICE: From Jewish Prophet to Gentile God. The Origins and Development of New Testament Christology, Cambridge u. Louisville 1991.

CONZELMANN, HANS: Die Apostelgeschichte (HNT 7), Tübingen 1963; ²1972.

CULLMANN, OSCAR: Die Christologie des Neuen Testaments, Tübingen 1957 (= ⁵1975).

DEISSMANN, ADOLF: Licht vom Osten. Das Neue Testament und die neuentdeckten Texte der hellenistisch-römischen Welt. Tübingen [1908] ⁴1923.

DEVREESSE, ROBERT: Essai sur Théodore de Mopsueste (StT 141), Città del Vaticano 1948.

DIBELIUS, MARTIN / HANS CONZELMANN: Die Pastoralbriefe (HNT 13), Tübingen [²1931, ³1955] ⁴1966.

DIBELIUS, MARTIN: Der Brief des Jakobus (KEK ¹¹XV), Göttingen 1964 (hg. u. erg. v. HEINRICH GREEVEN).

DOBSCHÜTZ, ERNST VON: Die Thessalonicher-Briefe (KEK ⁷X), Göttingen 1909 (Nachdruck 1974).

FRANKEMÖLLE, HUBERT: 1. und 2. Petrusbrief. Judasbrief (NEB.NT 18.20), Würzburg 1987.

FRIEDRICH, GERHARD: Der zweite Brief an die Thessalonicher, in: Die Briefe an die Galater, Epheser, Philipper, Kolosser, Thessalonicher und Philemon (NTD ¹⁶8), Göttingen [1976] ³1985, 252–276.

GNILKA, JOACHIM: Der Kolosserbrief (HThK X/1), Freiburg u. a. 1980.

GRÄSSER, ERICH: An die Hebräer (EKK XVII/1–3), Zürich[/Braunschweig] und Neukirchen-Vluyn 1990/1993/1996.

GRUNDMANN, WALTER: Art. μέγας κτλ., ThWNT IV (1942), 535–550.

HAACKER, KLAUS: Der Brief des Paulus an die Römer (ThHK 6), Leipzig 1999.

HAHN, FERDINAND: Christologische Hoheitstitel. Ihre Geschichte im frühen Christentum (FRLANT 83), Göttingen 1963; ⁵1995 erw. (= UTB 1873).

HARRIS, MURRAY J.: Jesus as God. The New Testament Use of *Theos* in Reference to Jesus, Grand Rapids, Michigan, 1992.

HEGERMANN, HARALD: Der Brief an die Hebräer (ThHK 16), Berlin 1988.

HOLTZMANN, HEINRICH JULIUS: Die Pastoralbriefe, kritisch und exegetisch behandelt, Leipzig 1880.

HORST, PIETER W. VAN DER: Art. God, DDD² (1999), 692–699.

JEREMIAS, JOACHIM: Die Briefe an Timotheus und Titus, in: Die Briefe an Timotheus und Titus. Der Brief an die Hebräer (NTD ⁷9), Göttingen 1954, 1–67.

JUNG, FRANZ: ΣΩΤΗΡ. Studien zur Rezeption eines hellenistischen Ehrentitels im Neuen Testament (NTA.NF 39), Münster 2002.

KAMMLER, HANS-CHRISTIAN: Die Prädikation Jesu Christi als „Gott" und die paulinische Christologie. Erwägungen zur Exegese von Röm 9,5b, ZNW 94 (2003), 164–180.

KARRER, MARTIN: Christus der Herr und die Welt als Stätte der Prüfung. Zur Theologie des Jakobusbriefs, KuD 35 (1989), 166–188.

KARRER, MARTIN: Jesus Christus im Neuen Testament (GNT 11), Göttingen 1998.

KARRER, MARTIN: Der Brief an die Hebräer. Kapitel 1,1–5,10 (ÖTK 20/1), Gütersloh/Würzburg 2002.

KLAUCK, HANS-JOSEF: Der erste Johannesbrief (EKK XXIII/1), Zürich/Braunschweig und Neukirchen-Vluyn 1991.

LÄGER, KAROLINE: Die Christologie der Pastoralbriefe (HThSt 12), Münster 1996.

LOHMEYER, ERNST: Die Briefe an die Philipper, an die Kolosser und an Philemon (KEK IX), Göttingen ⁸1930; ⁹1954 (korr. Nachdruck). [Ab Kolosserbrief neue Seitenzählung, daher zit. als KEK IX/2.]

LOHSE, EDUARD: Die Briefe an die Kolosser und an Philemon (KEK ¹⁴IX/2), Göttingen 1968; ²⁽¹⁵⁾1977.

LUZ, ULRICH: Das Evangelium nach Matthäus, 1. Teilband: Mt 1–7 (EKK I/1), 5., völlig neubearbeitete Auflage, Düsseldorf/Zürich und Neukirchen-Vluyn 2002 [¹1985].

MERKEL, HELMUT: Die Pastoralbriefe (NTD 9/1), Göttingen 1991.

METZGER, BRUCE M.: Der Text des Neuen Testaments. Einführung in die neutestamentliche Textkritik, Stuttgart 1966 (Orig. engl. 1964).

METZGER, BRUCE M.: The Punctuation of Romans 9:5, in: Christ and Spirit in the New Testament, FS C. F. D. Moule, Cambridge 1973, 95–112.

METZGER, BRUCE M.: A Textual Commentary on the Greek New Testament. Second edition, Stuttgart und New York 1994.

MOULTON, JAMES HOPE: A Grammar of New Testament Greek, vol. I: Prolegomena, Edinburgh ³1908.

MOULTON, JAMES HOPE / GEORGE MILLIGAN: The Vocabulary of the Greek Testament. Illustrated from the Papyri and other Non-Literary Sources, London 1930.

NEYREY, JEROME H.: 2 Peter. Jude (AncB 37C), New York 1993.

OBERLINNER, LORENZ: Die Pastoralbriefe (HThK XI/2,1–3), 3 Bde. Freiburg u. a. 1994/1995/1996.

PAULSEN, HENNING: Die Briefe des Ignatius von Antiochia und der Brief des Polykarp von Smyrna (HNT 18: Die Apostolischen Väter II). Zweite, neubearbeitete Auflage der Auslegung von Walter Bauer, Tübingen 1985.

PAULSEN, HENNING: Der Zweite Petrusbrief und der Judasbrief (KEK XII/2), Göttingen 1992.

POPKES, WIARD: Der Brief des Jakobus (ThHK 14), Leipzig 2001.

REINMUTH, ECKART: Der zweite Brief an die Thessalonicher, in: N. Walter, E. Reinmuth u. P. Lampe, Die Briefe an die Philipper, Thessalonicher und an Philemon (NTD [18]8/2), Göttingen 1998, 157–202.

RIGAUX, BÉDA: Saint Paul. Les épîtres aux Thessaloniciens (EtB), Paris 1956.

ROLOFF, JÜRGEN: Die Apostelgeschichte (NTD 5), Göttingen 1981.

ROLOFF, JÜRGEN: Der erste Brief an Timotheus (EKK XV), Zürich und Neukirchen-Vluyn 1988.

SCHNACKENBURG, RUDOLF: Das Johannesevangelium (HThK IV/1–4), 4 Bde. Freiburg u. a. 1965/1971/1975/1984.

SCHNACKENBURG, RUDOLF: Die Johannesbriefe (HThK XIII/3), Freiburg u. a. 1963.

SCHNELLE, UDO: Das Evangelium nach Johannes (ThHK 4), Leipzig 1998, [2]2000.

SPICQ, CESLAS: Les épîtres pastorales (EtB), 2 Bde., Paris 1947, [4]1969.

STAUFFER, ETHELBERT (u. a.): Art. θεός κτλ., ThWNT III (1939), 65–124.

STENGER, WERNER: Textkritik als Schicksal, BZ.NF 19 (1975), 240–247.

TAYLOR, VINCENT: Does the New Testament Call Jesus God? ExpT 73 (1961/62), 116–118.

TRILLING, WOLFGANG: Der zweite Brief an die Thessalonicher (EKK XIV), Zürich/Einsiedeln/Köln und Neukirchen-Vluyn 1980.

VÖGTLE, ANTON: Der Judasbrief. Der zweite Petrusbrief (EKK XXII), Zürich/Braunschweig und Neukirchen-Vluyn 1994.

VOUGA, FRANÇOIS: L'épître de Saint Jacques (CNT XIIIa), Genf 1984.

WAINWRIGHT, A. W.: The Confession 'Jesus is God' in the New Testament, SJTh 10 (1957), 274–299.

WEISS, HANS-FRIEDRICH: Der Brief an die Hebräer (KEK [15]XIII), Göttingen 1991.

WETTSTEIN, JOHANN JAKOB: Novum Testamentum Graecum editionis receptae cum lectionibus variantibus [...] necnon commentario pleniore, 2 Bde. Amsterdam 1751/52; Nachdruck Graz 1962.

WINDISCH, HANS: Die katholischen Briefe (HNT 15), Tübingen [2]1930; [3]1951 (bearb. v. HERBERT PREISKER).

WINDISCH, HANS: Der Hebräerbrief (HNT 14), Tübingen [2]1931.

WINDISCH, HANS: Zur Christologie der Pastoralbriefe, ZNW 34 (1935), 213–238.

Dierk Starnitzke

# Ist der eine Gott in sich selbst unterscheidbar?

## Monotheismus in systemtheoretischer Sicht

Im Rahmen des gestellten Arbeitsthemas „Der Beitrag der Exegese zur Rolle der Religion in der aktuellen Kultur" kann es neben der exegetischen Beschäftigung mit biblischen Texten auch weiterführend sein, sich mit Analysen und Beschreibungen der Religion in der aktuellen Kultur zu befassen. Eine der prominentesten Beschreibungen der aktuellen Kultur und ihrer Genese stammt von dem Soziologen und Systemtheoretiker Niklas Luhmann. Er analysiert zum einen die Struktur der gegenwärtigen Gesellschaft unter den theoretischen Vorgaben der funktionalen Differenzierung und der Autopoiesis, also der rein selbstreferenziellen Reproduktion sozialer Systeme.[1] Zum anderen hat er dabei auch zur besonderen Bedeutung der Religion einige beachtenswerte Publikationen vorgelegt.[2]

Im folgenden soll deshalb der Versuch unternommen werden, die Rolle der Religion in der aktuellen Kultur aus der systemtheoretischen Außensicht wahrzunehmen und dabei angesichts des gestellten Themas besonders auf die Entstehung und Bedeutung des Monotheismus einzugehen. Von dort ausgehend soll dann nach möglichen Punkten Ausschau gehalten werden, an denen die systemtheoretische Analyse für die theologische Arbeit hilfreich sein könnte –

---

[1] Vgl. dazu die theoretischen Vorüberlegungen in: LUHMANN, Soziale Systeme (1984), sowie deren Durchführung für die einzelnen Gesellschaftsbereiche, z. B. DERS.: Die Wirtschaft der Gesellschaft (1988), Die Wissenschaft der Gesellschaft (1990), Das Recht der Gesellschaft (1993), Die Kunst der Gesellschaft (1995), Die Gesellschaft der Gesellschaft (1997), Die Politik der Gesellschaft (2000).

[2] Siehe z. B. LUHMANN, Funktion der Religion (1977), DERS., Die Ausdifferenzierung der Religion (1989), DERS., Die Religion der Gesellschaft (2000).

ohne dabei die theologisch problematischen Aussagen der
Theorie aus dem Auge zu verlieren. Was das Thema des
Monotheismus betrifft, empfiehlt sich, von Luhmann ausgehend, ein Vorgehen in zwei Schritten. Es geht erstens um
die allgemeine Entwicklung der religiösen Vorstellung von
Monotheismus. Zweitens ist dann zu fragen, wie diese Vorstellung im Neuen Testament und im Christentum in spezi-
eller Weise weiter ausgeprägt worden ist.

## 1. Die allgemeine Entwicklung des Monotheismus

Aus der Sicht Luhmanns gibt es jedenfalls in frühen Phasen
der gesellschaftlichen Entwicklung *einerseits* eine deutliche
Verbindung zwischen Gesellschaftsstruktur und Religion.[3]
„Enge Verflechtungen zwischen gesellschaftlicher und spezifisch religiöser Evolution lassen sich für die Frühzeit nicht
bestreiten – bis zu dem Eindruck, frühere Gesellschaften
seien in anderer Weise und intensiver durch Religion bestimmt gewesen als die heutige."[4] So kann man z. B. deutliche Verbindungen zwischen antiker Gesellschaft und
polytheistischen Konzepten entdecken, „wenn diese, wie im
griechischen Fall, eng mit Adelsgenealogien verwoben
sind".[5] Aber auch für die theologischen Konzepte der alttestamentlichen Propheten lassen sich nach Luhmann Bezüge
zur damaligen Gesellschaftsstruktur herstellen. „Man weiß
natürlich, daß die Impulse, die die Propheten der jüdischen
Religion gegeben haben, eine bestehende Königsherrschaft
voraussetzten".[6]

*Andererseits* lassen sich für Luhmann – und das ist, wie ich
meine, für einen Soziologen eine bemerkenswerte These –
theologische Vorstellungen nicht unmittelbar aus gesellschaftlichen Konstellationen ableiten. Vielmehr habe die
Religion schon bald auf markante Weise eigene Strukturen

---

[3] Vgl. dazu LUHMANN, Die Ausdifferenzierung der Religion, 259–
357.

[4] LUHMANN, Die Religion der Gesellschaft, 251.

[5] A. a. O., 267.

[6] A. a. O., 251. Ähnliches gilt nach Luhmann z. B. auch für den Bud-
dhismus und das Kastensystem.

ausgebildet, die in ausdrücklicher Abgrenzung zu anderen
Bereichen der Gesellschaft ein eigenes System konstitu-
ieren. Während Luhmann den Prozeß der Umstrukturie-
rung der modernen Gesellschaft nach dem Modell der
funktionalen Differenzierung – allerdings mit einem deutli-
chen Fokus auf europäische Entwicklungen – für andere
Gesellschaftsbereiche erst etwa seit dem 17. Jahrhundert
nachweisen kann, sieht er die Besonderheit der Religion
darin, daß sie schon weitaus früher ein von der übrigen Gesellschaft zu unterscheidendes, eigenständiges System ausgebildet hat. Für ihn „weicht die religiöse Evolution auch
von der Art und Weise ab, in der andere Funktionssysteme
evoluieren. Sie beginnt sehr viel früher. Sie erzeugt erstmals
ein System, das man als in der Gesellschaft ausdifferenziert
beschreiben kann."[7] Insofern erscheint die Religion – und
Luhmann hat hier offensichtlich vor allem den jüdisch-
christlichen Traditionsbereich im Blick – gewissermaßen als
Protagonist der Entwicklung eigenständiger, von der Gesellschaft sich selbst unterscheidender Funktionssysteme.

Für die Selbstabgrenzung und Eigenständigkeit des Religionssystems gegenüber der jeweiligen Gesellschaft ist nun
nach Luhmann der Monotheismus eine besonders tragfähi-
ge Vorstellung, weil die Reduktion auf einen einzigen Gott
der Religion dabei hilft, die eigene Einheit in Unterscheidung zur gesellschaftlichen Umwelt zu definieren: „ihre
überzeugendste Form findet die hochreligiöse Semantik dadurch, daß sie ihre eigene Einheit symbolisiert – sei es in der
Person eines einzigen Gottes, sei es in einem religiösen
Prinzip, sei es in einem spezifisch religiösen Dual."[8] Mit dieser knappen Formulierung deutet Luhmann an, daß die Religion ihre eigene Einheit nicht nur mit der Konzentration
auf einen einzigen Gott definieren kann, sondern daß sie
dafür auch ein spezifisch religiöses Begriffspaar verwenden
kann. Der hier noch etwas unscharfe Ausdruck „spezifisch
religiöser Dual" birgt für das Thema Monotheismus wichtige Variationsmöglichkeiten, auf die am Ende dieses Beitrages näher eingegangen wird. Luhmann selbst konzentriert
sich jedoch im folgenden bei seiner Analyse des Religions-

---

[7] A. a. O., 250.
[8] A. a. O., 267.

systems nicht auf diese Möglichkeit, sondern etwas einseitig auf die religiöse Vorstellung eines einzigen Gottes.

Diese Formulierung der Einheit des Religionssystems durch eine einheitliche Gottesvorstellung ist für ihn in auffälliger Weise mit der Verschriftung und Kanonisierung religiöser Texte verbunden. Vor allem das Konzept genau eines Schöpfers genau einer Welt verschaffe den Buchreligionen die Möglichkeit, die eigene Einheit zu definieren und sich gegenüber Anderem abzugrenzen. „Daß die Buchreligionen und nur sie ausgeprägten Monotheismus hervorgebracht haben, ist oft kommentiert worden. Nur hier wird der im Text belegte Gott zum Weltgott, der die Welt so eingerichtet hat, wie man sie vorfindet. [...] Alles ist durch ihn geschaffen. Nichts entgeht ihm."[9] Der Ort, an dem dieser eine Schöpfergott angesiedelt werde, sei dabei zunächst das Jenseits, und die leitende Unterscheidung sei dann die von Gott und Welt. „Das hatte, wie man rückblickend feststellen kann, einen bedeutenden theoretischen Vorteil. Man konnte die Welt unterscheiden, nämlich sie als Werk, und zwar Einheit der Gesamtheit aller sichtbaren und unsichtbaren Dinge, beschreiben und dabei eine andere Seite der Unterscheidung, eben Gott, vorsehen, ja explizit oder implizit immer miterinnern".[10] Luhmann gesteht dabei ein, daß diese sehr schematische Darstellung der Komplexität der biblischen Texte nicht ganz gerecht wird.[11]

Mit dieser Entwicklung der monotheistischen Vorstellung eines Schöpfergottes ist nun für Luhmann ein zweiter Gedanke unmittelbar verbunden: die Vorstellung der Seele des einzelnen Menschen, die nach seinem Tode in irgendeiner Form weiterlebt. „Zu diesem Konzept gehört eine weniger beachtete Parallelkonstruktion: die Erfindung der Seele. Sie wird aus der Grenzerfahrung des Todes, des beobachteten Todes anderer entstanden sein. [...] Da niemand sich ein Aufhören seines eigenen Bewußtseins wirklich vorstellen kann, ist dies eine hochplausible Konstruktion".[12] Während

---

[9] Ebd.

[10] LUHMANN, Die Gesellschaft der Gesellschaft, 417.

[11] A. a. O., 417, Anm. 10, mit Verweis auf WELKER, Schöpfung und Wirklichkeit.

[12] LUHMANN, Die Religion der Gesellschaft, 267.

der eine Gott der monotheistischen Buchreligionen vornehmlich im Jenseits angesiedelt ist, bietet für Luhmann die Vorstellung von der Seele des einzelnen Menschen die Möglichkeit, die Relevanz des Glaubens an diesen Gott im Diesseits aufzuzeigen. „Das Konstrukt der Seele [...] dient der Religion als Ankerpunkt in der Welt."[13] Es gibt also nach Luhmann eine Korrespondenz zwischen der Entwicklung der Vorstellung des einen Gottes und des einen Menschen, der an diesen Gott glauben soll: „die Religion versucht es, den Einzelnen nahezubringen: auf die komme es eigentlich an."[14] Durch diese Parallelentwickelung des einzelnen Gottes und des einzelnen, an Gott glaubenden Menschen könne die Religion dann eine Dynamik entwickeln, in der es *zum einen* um das Verhalten und Glauben des Einzelnen gehe: „Im monotheistischen Kontext erzeugt das extreme Auseinanderziehen der beiden Grenzbegriffe Gott und Seele einen ausfüllungsbedürftigen Spielraum für dogmatische Gestaltung [...]. Der Mensch ist dann nicht mehr einfach seinem Schicksal ausgeliefert [...]; sondern er ist selbst ein Akteur, der die Form seines Verhältnisses zu seinem Gott mitbestimmt – sei es durch Werke, sei es durch die im rechten Glauben gefestigte Hoffnung auf Gnade."[15] Dabei müsse *zum anderen* gleichzeitig sichergestellt werden, daß Gott im theologischen System von menschlichen Festlegungen und Vereinnahmungen möglichst frei gehalten werde und selbst wirksam werden könne. „Die Beteiligung Gottes ist dadurch gesichert, daß [...] Selbstbefriedigung, hier also Selbsterlösung ausgeschlossen ist. [...] Gott kennt und beurteilt alle Individuen einzeln."[16]

Die monotheistischen Religionen orientieren sich auf dieser Basis nach Luhmann in besonderer Weise an einer Unterscheidung, die für alle weiteren Kommunikationen innerhalb des Systems formgebend ist: *immanent – transzendent*. Dadurch können zum einen alle möglichen weltimmanenten Gegenstände, Vorgänge, Personen usw. bezeichnet werden, und sie können zum anderen auf diesen einen transzenden-

---

[13] A. a. O., 206.
[14] A. a. O., 267.
[15] A. a. O., 268.
[16] A. a. O., 207.

ten Gott bezogen werden. „Das macht, ungeachtet aller Alltagsrelevanzen des ‚diesseitigen' Lebens, für alles, was es gibt, eine religiöse Zweitbedeutung möglich."[17]

Das Religionssystem hat sich auf diese Weise, wie eingangs erläutert, nach Luhmann als erstes eigenständiges Teilsystem der Gesellschaft entwickelt und von anderen Teilen der jeweiligen Gesellschaft abgegrenzt, indem es vor allem in den Buchreligionen die Vorstellung eines einzigen Gottes entwickelt und dies mit einer leitenden Unterscheidung, einem „binären Code" immanent – transzendent, verbunden hat. Analog dazu hätten sich später seit dem 17. Jahrhundert in der modernen Gesellschaft auch andere Teilbereiche der Gesellschaft ausgebildet, die ebenfalls eine Selbstabschließung gegenüber den anderen Gesellschaftsbereichen dadurch erreicht hätten, daß sie sich an einer spezifischen und nur in diesem System verwendeten Leitunterscheidung orientierten. Die funktionale Differenzierung der einzelnen Teilsysteme geschehe also in der modernen Gesellschaft dadurch, daß jedes der gesellschaftlichen Funktionssysteme sich, gewissermaßen im Anschluß an das vorher entwickelte binäre Modell der Religion[18], einen spezifischen „binären Code" wähle, an dem sich sämtliche Kommunikationen innerhalb des Systems orientieren würden. So operiere das Wirtschaftssystem nach dem Code *Zahlung – Nichtzahlung*, das Rechtssystem nach *recht – unrecht*, die Wissenschaft nach *wahr – unwahr*, das Erziehungssystem nach *Karriere – nicht Karriere*, die Politik nach *Innehaben – Nichtinnehaben von Machtpositionen* usw.[19] Es empfiehlt sich deshalb, an dieser Stelle einen kurzen Abschnitt über die theoretischen Voraussetzungen des Luhmannschen Konzepts binärer Codierung zwischenzuschalten, weil dies für die Definition des systemtheoretischen Gottesbegriffes unmittelbare Konsequenzen hat.

---

[17] A. a. O., 267.

[18] Es entspricht sicherlich nicht der Theorie LUHMANNS, hieraus einen Primatsanspruch der Religion gegenüber den anderen Gesellschaftsbereichen abzuleiten. Aber es ist doch auffällig, daß er der Religion hier eine gewisse Vorreiterrolle zuschreibt.

[19] Vgl. dazu im Detail die in Anmerkung 1 genannte Literatur.

## 2. Binäre Codierung

Luhmann unterscheidet in bezug auf binäre Codierungen zwischen Form und Medium.[20] Hinsichtlich der *Form* orientiert sich der jeweilige Code an einem Unterscheidungsmodell, das Luhmann aus der Logik und Mathematik von George Spencer Brown übernommen hat.[21] Danach setzt jede gedankliche und kommunikative Operation eine Unterscheidung voraus (*distinction*). Diese ist asymmetrisch aufgebaut und bezeichnet eine der beiden Seiten näher (*indication*), während sie die zweite Seite der Unterscheidung gewissermaßen als Negation der ersten offenläßt. Einfach gesagt, gibt es ein Bezeichnetes bzw. Markiertes (*a*) und alles Andere (*non-a*). In der Notation Spencer Browns:

```
 ___
|
|
```

„Diese Markierung ist ein Zeichen für das Treffen einer Unterscheidung, etwa indem man einen Kreis auf einem Blatt Papier zeichnet, der eine Unterscheidung zwischen den Punkten innerhalb des Kreises und denen außerhalb des Kreises schafft; ihre Asymmetrie (die konkave Seite als die Innenseite) liefert die Möglichkeit von Bezeichnungen".[22] Wenn Luhmann für die Religion von der binären Codierung *immanent – transzendent* spricht, so bedeutet dies, daß in der religiösen bzw. theologischen Kommunikation[23] mit der besagten formalen Unterscheidungstechnik etwas Immanentes (auf der Innenseite der Unterscheidung) bezeichnet wird und dabei zugleich von etwas Transzendentem (auf der Außenseite) unterschieden wird. Religiöse Kommunikation zeichnet sich nach Luhmann immer dadurch aus, daß sie

---

[20] Vgl. Luhmann, Die Religion der Gesellschaft, 15.

[21] Vgl. Spencer Brown, Laws of Form. Zu den Implikationen dieser Unterscheidungslogik siehe auch Baecker (Hrsg.), Kalkül der Form.

[22] Von Foerster, Die Gesetze der Form, 10.

[23] Luhmann versteht dabei die Theologie als systematische Reflexion der Religion.

sich an dieser leitenden Unterscheidung orientiert.[24] Dies
hat, wie im folgenden deutlich werden wird, für das Konzept
des Monotheismus unmittelbare Konsequenzen, weil nach
Luhmann damit ein Begriff nicht einfach für sich selbst stehen kann, sondern nur im Zusammenhang einer Unterscheidung „Sinn" macht.

Das *Medium*, innerhalb dessen mit dieser Form sämtliche
Unterscheidungen psychischer (mit Bewußtsein ausgestat-
teter) und sozialer (aus Kommunikation bestehender) Systeme – und damit auch die Unterscheidung immanent –
transzendent der Religion – getroffen werden, ist deshalb
für Luhmann *Sinn*.[25] Für ihn läßt sich der Begriff des Sinnes
anders als in herkömmlichen Bedeutungen „mit einer rein
modaltheoretischen Unterscheidung von Wirklichkeit (Aktualität) und Möglichkeit (Potentialität) bestimmen, und
zwar als Begriff für die Einheit genau dieser Unterscheidung. Denn Sinn hat etwas (was auch immer) dann, wenn im
aktualen Erleben oder Kommunizieren (in dem, was vorkommt) auf andere Möglichkeiten verwiesen wird; und zwar
so, daß ohne diese Verweisung auch die Aktualität als sinn-
hafte Aktualität gar nicht möglich wäre."[26] Sinn hält damit
für jede aktuale Bezeichnung die Gegenseite der Unterscheidung (als Mögliches) offen und ordnet dadurch das Be-
zeichnete in einen größeren, universalen Zusammenhang
ein. Diese zweite, unbezeichnete Seite der Unterscheidung
ist innerhalb des Mediums Sinn jeweils gegenüber der ersten, bezeichneten Seite mit präsent. Das Medium Sinn ist
damit als Einheit von Wirklichkeit und Möglichkeit nicht in
sich selbst differenzierbar. Um es beschreiben und „ent-
tautologisieren" zu können, schlägt Luhmann eine Entfaltung des Mediums in drei Sinndimensionen vor: eine Sach-,
eine Sozial- und eine Zeitdimension.[27] Die Sachdimension
arbeitet in bezug auf Gegenstände oder Themen mit der
Distinktion *dies – anderes*, die Sozialdimension mit der Un-

---

[24] Vgl. dazu ausführlich den Abschnitt „Codierung" in LUHMANN,
Die Religion der Gesellschaft, 53ff.

[25] „Das allgemeinste, nicht transzendierbare Medium für jede Form-
bildung, das psychische und soziale Systeme verwenden können, nennen wir Sinn." (A. a. O., 15.)

[26] A. a. O., 19f.

[27] Vgl. dazu bereits grundlegend LUHMANN, Soziale Systeme, 111ff.

terscheidung *Ego – Alter Ego* und die Zeitdimension mit der Unterscheidung *vorher – nachher*.

## 3. Die besondere Ausprägung des Monotheismus innerhalb des Christentums

Wendet man diese allgemeinen Überlegungen auf das Religionssystem an, so ergeben sich daraus bestimmte Differenzierungs- und Paradoxieprobleme, die innerhalb des Systems behandelt werden müssen. Nach Luhmann gilt das für alle Religionen. Für ihn hat aber das Christentum eine Glaubenslehre entwickelt, die sich auf diese Probleme in ganz besonderer Weise eingestellt und dabei die Vorstellung des Monotheismus in markanter Weise weiterentwickelt hat. „Im Falle der christlichen Religion, einer Glaubensreligion mit hochentwickelter Dogmatik, kann man besonders gut erkennen, daß die Entfaltungsstrategien und die jeweils geordneten Streitfragen sich differenzieren".[28] Das allgemeine Problem der näheren Beschreibung von Sinn wird für Luhmann in der christlichen Theologie in besonders differenzierter Weise behandelt, indem es in den drei oben genannten Dimensionen entfaltet wird.

Erstens werde in der Sozialdimension im Christentum nun die Vorstellung des fleischgewordenen Gottes eingeführt und damit der Monotheismus im Sinne eines und nur eines jenseitigen Gottes markant modifiziert. „In der *Sozialdimension* wird Glaubensbestätigung in der *Begegnung* mit Gott gesucht und gefunden. Das Dogma des fleischgewordenen Gottes ermöglicht es, die Transzendenz/Immanenz-Unterscheidung beizubehalten, hinterläßt dann aber das Problem, wie man aus der Begegnung mit Jesus auf Gott schließen kann."[29] Für das Neue Testament wird man einschränken müssen, daß sich diese den Monotheismus modifizierende Vorstellung vom fleischgewordenen Gott bei weitem nicht in allen Teilen des NT findet.[30] In den späteren christologischen und trinitarischen Streitigkeiten wurde je-

---

[28] LUHMANN, Die Religion der Gesellschaft, 134.
[29] A. a. O., 134f., Hervorhebungen von LUHMANN.
[30] Vgl. dazu den Beitrag von RALPH BRUCKER in diesem Band.

doch gerade dieser neutestamentliche Gedanke aufgenommen. Es hat sich daraus ein für das Christentum grundlegendes Verständnis entwickelt, das die außerordentliche Ähnlichkeit des einen Gottes mit Jesus Christus betont. Aber schon für die neutestamentlichen Texte ergibt sich durchgehend die Frage, inwiefern und in welchem Maße Jesus Christus Göttlichkeit zukommt. Wie immer man diese Frage im Detail beantworten mag, in jedem Falle wird im Christentum dem einen und in sich ununterscheidbaren Gott konstitutiv ein zweiter Gedanke zugeordnet: „Der transzendente Gott ist als ununterscheidbar und zugleich, in der Christusform, als unterscheidbar zu denken".[31] Diese Konstellation ist offenbar für das Christentum formgebend. Ich werde darauf am Ende des Beitrages noch einmal besonders eingehen.

Zweitens entfaltet die christliche Theologie den Sinnbegriff nach Luhmann auch zeitlich. „In der *Zeitdimension* liegt das Supplementproblem in der These der *geschichtlichen Einmaligkeit* der Offenbarung, also in der Unterscheidung von Zeit und Geschichte mit der Möglichkeit, privilegierte (und unwiederholbare) Zeitpunkte zu markieren – und dies, obwohl Gott zugleich omnipräsent und zu allen Zeiten gleichzeitig gedacht werden soll."[32] Diese privilegierten Zeitpunkte, an denen Offenbarung geschieht, sind dabei im Christentum offenbar in besonderer Weise auf Jesus Christus bezogen, sei es durch Aussagen über Leben, Tod und Auferstehung Jesu (z. B. in der Evangelientradition) oder auch als persönliche Offenbarung dieses Christus an bestimmte Personen (z. B. in Gal 1,12 und 16).

Drittens finde im Christentum auch eine Entfaltung des Sinnbegriffes in der Sachdimension statt, wobei sich Luhmann offenbar deutlich auch auf alttestamentliche Schöpfungsvorstellungen bezieht. „In der *Sachdimension* schließlich wird das Problem in eine notwendige Liierung von *Einheit und Komplexität*, Gott und Welt, Religion und Kosmologie verlagert. [...] Das Wunder der schön geordneten Welt kann nur durch einen ihr überlegenen, sich in sich selbst gründenden Schöpfer erklärt und in der Dauerhaftig-

---

[31] LUHMANN, Die Religion der Gesellschaft, 135.
[32] Ebd., Hervorhebungen von LUHMANN.

keit des Bestandes erkennbar werden".[33] Diese Vorstellung eines einzigen Schöpfers der ganzen Welt findet sich im AT z. B. im ersten Schöpfungsbericht der Priesterschrift (Gen 1,1–2,4a, trotz des Plurals in 1,26) und in Deutero-jesaja (Jes 44,24), also erst in relativ späten Texten.[34] Sie wird dann in denjenigen neutestamentlichen schöpfungs-theologischen Aussagen wesentlich modifiziert, die sich auf Jesus Christus beziehen (z. B. in 1Kor 8,6; Kol 1,16f.; Joh 1,3; vgl. auch 17,24; Hebr 1,2). Hier ist nun nicht mehr der eine Gott allein Schöpfer des Alls, sondern die Mitwirkung oder zumindest Anwesenheit Christi bei der Schöpfung ist mitgedacht.

Gott ist also aufgrund der genannten Differenzierungen in den drei Sinndimensionen nach Luhmann einerseits als der in sich ununterscheidbare, *eine* Gott zu denken und darin von der Welt und allen Gegenständen, Ereignissen und Personen zu unterscheiden. Andererseits äußere er sich für die christliche Theologie in einer ganz bestimmten Person zu einer bestimmten Zeit und innerhalb der Welt in besonderer Weise *selbst*. Unter diesen Voraussetzungen verschiebe sich allerdings die Bedeutung und vor allem auch die Verortung des einen Gottes auf markante Weise. Gott sei nicht derjenige, der nur im Jenseits, in der Transzendenz und in Unterscheidung zu immanenten Welterfahrungen geglaubt werden kann. Dieser eine Gott muß nun nach Luhmann vielmehr gewissermaßen mitten innerhalb der Differenz immanent – transzendent verortet werden. Der Gottesbegriff fungiert für Luhmann in dieser besonderen Ausprägung als Reflexion der Einheit des Codes immanent – transzendent.[35] Er stelle eine sogenannte Kontingenzformel dar, die die Einheit der Differenz immanent – transzendent innerhalb des Systems formuliere und damit die Kommunikationen innerhalb des Religionssystems strukturiere. „Daran [sc. an der Kontingenzformel] finden dann auch die Selbstbeschreibungen des Systems einen Anhaltspunkt. Obwohl das System eine *Differenz* und, als Operation gesehen, die *Reproduktion dieser Differenz* ist, kann es für sich selbst

---

[33] Ebd., Hervorhebungen von LUHMANN.
[34] Vgl. MÜLLER, Monotheismus und Polytheismus, 1461.
[35] Vgl. z. B. LUHMANN, Die Ausdifferenzierung der Religion, 319.

als *Einheit* zugänglich werden."[36] Sofern also das Religionssystem seine eigene Kommunikation nach dem Code immanent – transzendent strukturiert, wird dies in den anderen
Teilen der Gesellschaft als religiöse Kommunikation identifiziert. Das Religionssystem benötigt jedoch darüber hinaus
auch *für sich selbst* eine Identitätsbeschreibung, mit Hilfe
derer die Unterscheidung immanent – transzendent mit ihren jeweiligen Konkretionen zusammengehalten wird. An
dieser Stelle verwenden nach Luhmann die monotheistischen Religionen die Vorstellung eines einzigen Gottes für
die Definition ihrer eigenen Identität.

Für den Gottesbegriff bedeutet dies aber, daß nun die
Spannungen, die durch die verschiedenen Differenzierungen
innerhalb des Religionssystems auf Basis der Leitunterscheidung immanent – transzendent aufgebaut werden, in
systemtheoretischer Sicht vor allem durch die Vorstellung
dieses einen, die Einheit des Religionssystems beschreibenden Gottes zusammengehalten werden müssen. Die Entfal-
tungen des Sinnbegriffes in den drei genannten Dimensionen und die Orientierung aller religiösen Kommunikationen
an der Leitunterscheidung immanent – transzendent können
nach Luhmann auch im Christentum trotz der genannten
Differenzierungsprobleme durch den Begriff des einen
Gottes in ihrer Einheit reflektiert werden. Das setzt das
Konzept des Monotheismus jedoch unter einen großen
Integrationsdruck. Ich habe den Eindruck, daß die genannten Differenzierungsfragen im Christentum nicht – wie
Luhmann meint – durch Monotheismus allein beantwortet
werden müssen, sondern daß sich hier noch andere Möglichkeiten ergeben. Das soll im letzten Abschnitt kurz aus-
geführt werden.

---

[36] Luhmann, Die Religion der Gesellschaft, 147f., Hervorhebungen
von Luhmann. Ähnliche Kontingenzformeln ermittelt Luhmann analog auch für andere Funktionssysteme, z. B. Gerechtigkeit für das
Rechtssystem, Knappheit für die Wirtschaft, Legitimität für die Politik,
Lernziele für die Erziehung usw.

## 4. Theologische Kritik und Würdigung der systemtheoretischen Sicht des Monotheismus

Die Darstellung des Monotheismus in Luhmanns Schriften über Religion wirkt einerseits insgesamt etwas pauschal. Man muß *zum einen* fragen, ob seine deutlich an monotheistischen Vorstellungen orientierten Aussagen über Religion den vielfältigen Varianten der vielen Religionen gerecht werden oder ob sie nicht vielmehr deutlich durch den jüdisch-christlichen Traditionsbereich geprägt sind. So zeigt z. B. Gregor Ahn, daß die wesentlich jüdisch, christlich und muslimisch geprägte Vorstellung des Monotheismus im religionsgeschichtlichen Vergleich – auch aktuell – eher ein Sonderfall ist.[37] *Zum anderen* legt Luhmann auch die biblischen Traditionen zu eindeutig auf Monotheismus fest. Schon die alttestamentlichen Texte sind hier wesentlich differenzierter[38], und Luhmann unterscheidet hier zu wenig zwischen Monolatrie und Monotheismus. Auch für das frühe Christentum wird man beachten müssen, daß dieses stark von lokalen religiösen Traditionen geprägt ist[39] und deshalb nicht einfach pauschal auf einheitliche Konzepte festgelegt werden kann. Insofern sind Luhmanns Analysen von theologischer Seite zunächst kritisch zu betrachten.

Andererseits kommt Luhmann dann aber zu Beobachtungen, die für die christliche Theologie – und damit auch für die neutestamentliche Exegese – durchaus hilfreich sein können. Es ist erstaunlich, daß er als Soziologe keine *unmittelbaren* Bezüge zwischen Gesellschaftsstruktur und Theologie sieht. Vielmehr gesteht er der Theologie ausdrücklich eigene Entwicklungsmöglichkeiten zu, die es ihr erlauben, sich in verschiedensten Gesellschaftsformen eigenständig zu positionieren. In dieser Sicht wären z. B. solche theologischen Auslegungen kritisch zu betrachten, welche allzu schnell und unvermittelt direkte Bezüge zwischen

---

[37] Vgl. Ahn, Monotheismus und Polytheismus, 1457–1459.

[38] Vgl. dazu z. B. die eindrucksvolle Liste der im AT genannten Götter von Müller, Monotheismus und Polytheismus, 1459–1462.

[39] Vgl. dazu den Forschungsbericht von Auffahrt, Die frühen Christentümer als Lokale Religionen.

gesellschaftlichen Bedingungen und theologischen Konzepten herstellen.

Luhmann sieht den Zusammenhang zwischen der Struktur einer Gesellschaft einerseits und der in ihr vorhandenen Religion bzw. ihrer theologischen Reflexion und Systematisierung andererseits differenzierter. Für ihn hat die Theologie schon in der Zeit der Entstehung der Texte des Alten und Neuen Testamentes eigene Strukturen entwickelt, durch die sie sich gerade von bestehenden gesellschaftlichen Verhältnissen distanzieren und unabhängig stellen konnte. Eine der wichtigsten Errungenschaften ist in dieser Hinsicht für Luhmann der Monotheismus, weil er die innere Konsistenz des theologischen Systems in Abgrenzung zur Gesellschaft wesentlich fördert. Eine Beziehung zwischen Gesellschaftsstruktur und Religion bzw. ihrer theologischen Reflexion ergibt sich deshalb für Luhmann eher *mittelbar*. Dadurch, daß die Theologie besonders im jüdisch-christlichen Traditionsbereich schon sehr früh solche eigenen monotheistischen Modelle entwickelt hat und sich von anderen Gesellschaftsbereichen abgegrenzt hat, habe sie selbst eine wichtige Struktur in die Gesellschaft eingeführt, die gerade in der Abgrenzung autonomer Teilsysteme bestehe und die sich in der modernen Gesellschaft als funktionale Differenzierung voll ausgeprägt habe.

Wenn man diese Gedanken Luhmanns innerhalb der Theologie aufnehmen möchte, dann ginge es gerade auch aktuell um eine Steigerung der Unabhängigkeit der Theologie von gesellschaftlichen Entwicklungen. Nicht der Bezug auf aktuelle gesellschaftliche Anforderungen und die direkte Aufnahme gesellschaftlicher Veränderungen und Problemstellungen wären dann die primäre theologische Aufgabe, sondern die möglichst eigenständige Weiterentwicklung der vorhandenen theologischen Modelle. Dieser systemtheoretische Hinweis ist durchaus an den Stellen beachtlich, wo sich die Theologie mehr an gesellschaftlichen Trends als an ihren ureigenen Fragestellungen und Begriffen orientiert. Der „Beitrag der Exegese zur aktuellen Kultur" (so das oben genannte Arbeitsthema) kann dann gerade darin bestehen, noch entschiedener und markanter theologische Exegese zu betreiben. Dies kann durchaus als Ermutigung verstanden werden, die in den biblischen Schriften vorhandenen Konzepte z. B. des Monotheismus intensiv weiter zu erforschen und damit gerade die funktionale Eigenständigkeit der christlichen Religion in der modernen Gesellschaft zu fördern.[40]

Das kann jedoch nicht bedeuten, sich von allen außertheologischen Vorgängen abzukoppeln. Gerade die Frage, wie die Theologie innerhalb der aktuellen Kultur wahrgenommen wird, kann für die Theologie sehr befruchtend sein, wenn sie denn theologisch behandelt wird und nicht einfach nur Externes adaptiert. Es besteht gerade auch aufgrund des Tempos der gesellschaftlichen Entwicklungen ein hoher Bedarf an theologischer Weiterentwicklung und Aktualisierung der theologischen Paradigmen, aber eben als theologische Paradigmen.

Unter diesen Voraussetzungen wird gerade auch die theologische Wahrnehmung der systemtheoretischen Außenwahrnehmung der christlichen Religion innerhalb der modernen Gesellschaft für ein differenzierteres Verständnis des Monotheismus hilfreich sein. Es wird weiterführend sein, sich in der Theologie mit Differenzierungsproblemen der dargestellten Form zu beschäftigen. Wenn Luhmanns Voraussetzung stimmt, daß Kommunikation wesentlich mit Unterscheidungen arbeitet, dann wird das z. B. auch für die theologische Weiterarbeit am Konzept des Monotheismus beachtenswert sein. Der Gottesbegriff ist dann kein für sich stehender und eindeutig bestimmbarer Begriff, sondern er sollte theologisch vor allem im Rahmen von Unterscheidungen behandelt werden. Das spricht schon beim monotheistischen Gottesbegriff im strengen Sinne dafür, mit ihm vornehmlich in Unterscheidung zu anderem umzugehen, etwa anhand der Differenz *Götzen – Gott*[41] oder *Welt – Gott* oder

---

[40] LUHMANN warnt jedoch davor, theologische Arbeit nur als Analyse geschichtlicher Texte zu betreiben: „Parallel zur Gesellschaftsentwicklung gibt es ein ständiges Abschwächen der Figur ‚Kommunikation durch oder mit Gott‘, und heute wird die Kommunikation Gottes nur noch als historisches, textliches faßbares Faktum dargestellt. […] Wie sehr die Religion mit dieser Figur auf eigene Anpassungsfähigkeit verzichtet, ohne andererseits eine Möglichkeit zu sehen, Gott um eine Kommentierung der Moderne zu bitten, kann man nur ahnen." (LUHMANN, Die Gesellschaft der Gesellschaft, 158.)

[41] Vgl. dazu den Beitrag von EVE-MARIE BECKER in diesem Band.

ähnliches. In solchen Unterscheidungen wäre Gott nach
dem Konzept der binären Codierung dasjenige, was jeweils
von innerweltlichen Phänomenen als transzendente Größe
zu unterscheiden wäre. Die erste Seite der Unterscheidung
würde sich dann auf Immanentes, innerhalb der Welt Faßbares beziehen und diesem auf der zweiten Seite die Transzendenz Gottes gegenüberstellen.

Nutzt man aber die in diesem Beitrag skizzierten Diffe-
renzierungsmöglichkeiten noch konsequenter, so wird man
wohl über solche Unterscheidungen hinausgehen müssen,
die Gott lediglich im Jenseits verorten. Mit Hilfe von Unterscheidungen dieses Typs ist nämlich nur schwer zu fassen,
wie dieser radikal transzendent aufgefaßte Gott im Diesseits
wirksam sein kann. Gott kann man statt dessen auch mitten
in oder als Basis (nach Luhmann: als Reflexion der Einheit)
der Unterscheidung von Diesseits und Jenseits verstehen.
Das setzt die Vorstellung des einen Gottes dann aber den
Differenzierungsproblemen aus, die Luhmann m. E. ganz
zutreffend beschreibt. Dieser Integrationsdruck, der dann
auf dem monotheistischen Gottesbegriff lastet, kann im
Christentum, wie ich meine, gemindert werden. Das kann –
im Anschluß an Luhmann und zugleich über seine Analysen
hinausgehend – dadurch geschehen, daß gerade der christliche Gottesbegriff doppelt gefaßt wird, als jenseitiger und
zugleich *diesseitiger* Gott, anders gesagt: als Gott und Christus, als Vater und Sohn usw. In diesem Zusammenhang
sollte man auch von exegetischer Seite denjenigen neutestamentlichen Traditionen und Motiven besondere Be-
achtung schenken, die die Göttlichkeit Jesu betonen, z. B.
der johanneischen Christologie, bestimmten Formulierungen bei Paulus, der doppelten Verwendung des χύριος-
Titels für Gott und Christus und anderem.

Schon bei Paulus läßt sich beobachten, daß er häufig alttestamentliche Texte zitiert, in denen sich die Bezeichnung
χύριος für Gott findet, daß er selbst aber χύριος recht eindeutig für Christus verwendet. In Phil 2,6 kann er, indem er
möglicherweise einen vorpaulinischen Hymnus zitiert, zumindest behaupten, daß Jesus Christus „Gott gleich" (ἴσα
θεῷ) sei. An einer Stelle findet sich sogar eine Formulierung, bei der Paulus vielleicht explizit Christus als Gott bezeichnet: καὶ ἐξ ὧν ὁ Χριστὸς τὸ κατὰ σάρκα ὁ ὢν ἐπὶ

πάντων θεὸς εὐλογητὸς εἰς τοὺς αἰῶνας ἀμήν (Röm 9,5b, hier ohne Satzzeichen wiedergegeben). Je nach Interpunktion und Zuordnung der einzelnen Satzteile kann man hier θεός entweder zu Christus ziehen oder im Anschluß an Ps 40,14 der Septuaginta die Schlußformulierung auf Gott beziehen. Der Bezug auf Christus erscheint aber zumindest möglich. Auch aus inhaltlichen Erwägungen heraus ist es bei Paulus keineswegs abwegig, den Titel θεός für Christus verwendet zu sehen, wenn er explizit auch nur an der genannten Stelle auftauchen mag. „Wer [...] Jesus Christus als κύριος τῆς δόξης bezeichnet, ihm reale, personale und absolute Präexistenz beimißt, ihn mit Gott im gleichen Atemzug nennt und ihn im Gebet anruft, – der kann ihn durchaus auch einmal direkt als θεός prädizieren und eben damit *expressis verbis* formulieren, was in den Phänomenen *der Sache nach* zum Ausdruck kommt."[42]

Ohne Zweifel findet sich der Begriff θεός dann auch im Zusammenhang der johanneischen Christologie. Den Rahmen des Johannesevangeliums bilden zwei Aussagen, die in bezug auf die Betonung der Göttlichkeit Jesu Christi sehr weit gehen. Nach Joh 1,1 ist der λόγος, der dann σάρξ wird (vgl. 1,14), von Anfang in seiner Beziehung zu Gott definiert (V. 1a: πρὸς τὸν θεόν) und wird sogar explizit mit dem Begriff θεός (V. 1b) bezeichnet. „Das Prädikatsnomen θεός bringt beides zum Ausdruck: die radikale Unterscheidung zwischen Gott und dem Logos und die radikale Partizipation des Logos am Gottsein Gottes."[43] Auch am Ende des ersten Schlusses des Evangeliums findet sich in 20,28 mit der Formulierung des Thomas ὁ κύριός μου καὶ ὁ θεός μου eine Spitzenaussage, bei der der Begriff θεός erneut für Jesus Christus verwendet wird. Damit wird keine doketische Christologie vertreten, denn das Bekenntnis des Thomas erfolgt angesichts der Wunden Jesu (vgl. 20,27). Dennoch wird hier Jesus Christus zweifellos *auch* als Gott verstanden. Man wird damit zumindest für das Joh behaupten können, daß hier theologisch zwar eine Unterscheidung zwischen Chri-

---

[42] Kammler, Die Prädikation Jesu Christi als „Gott" und die paulinische Christologie, 180, Hervorhebungen von Kammler. – Vgl. dazu auch den Beitrag von Ralph Brucker in diesem Band, S. 115–118.

[43] Vgl. Söding, „Ich und der Vater sind eins" (Joh 10,30), 192.

stus und Gott getroffen wird, aber daß gerade mit dieser
*Unterscheidung* – und nicht nur mit der einfachen Betonung
der Göttlichkeit des einen Gottes im Unterschied zu Jesus –
das Gottesverständnis des Joh angemessen zum Ausdruck
gebracht wird. Diese Unterscheidung findet sich nicht, nur
am Anfang und Ende des Evangeliums, sondern auch in
zentralen Aussagen in der Mitte, z. B. in 10,30, wo es heißt:
ἐγὼ καὶ ὁ πατὴρ ἕν ἐσμεν. „Die Einheit, die Jesus hier anspricht, ist selbstverständlich keine Identität. Jesus und *der
Vater* bleiben unterschieden. Die bleibende Differenz ist gerade die Voraussetzung der Einheit, von der die Rede ist."[44]
Insofern kann man sagen, daß jedenfalls im Joh gerade
durch die *Unterscheidung* zwischen Christus und Gott dieje-
nige *Einheit* beschrieben wird, an die geglaubt werden soll.

Die Berücksichtigung solcher Formulierungen erfordert
dann aber als Konsequenz eine sehr differenzierte Behand-
lung des Themas Monotheismus. Der Gottesbegriff des
Christentums ist demnach einerseits monotheistisch, weil
der christliche Glaube sich auf einen einzigen Gott bezieht
und die Existenz anderer Götter negiert. Er ist andererseits
nicht monotheistisch[45], weil er der Vorstellung des einen, in
sich ununterscheidbaren Gottes die Göttlichkeit Jesu Christi
zur Seite stellt[46], um auf diese Weise die Jenseitigkeit und
Diesseitigkeit Gottes zu betonen. Man muß von daher schon
aus solchen Differenzierungsproblemen heraus fragen, ob es
sich, jedenfalls beim frühen Christentum, tatsächlich um eine monotheistische Religion handelt.[47] Vielleicht sollte man
theologisch genauer formulieren, daß der christliche Monotheismus gerade dadurch gekennzeichnet ist, daß *dieser
eine Gott sich in Christus von sich selbst unterscheidet* und

---

[44] A. a. O., 197, Hervorhebung von SÖDING.

[45] HANS HÜBNER gibt zu bedenken: „Doch scheint der ntl. M[ono-
theismus] aus sich selbst bedroht: Wie kann man den Einen Gott bekennen, wenn man zugleich den Einen Herrn Jesus bekennt"? (HÜB-
NER, Monotheismus und Polytheismus, 1463.)

[46] Vgl. dazu erneut den Beitrag von RALPH BRUCKER in diesem
Band.

[47] Bemerkenswert ist z. B., daß die TRE in ihrem Artikel ‚Monotheismus' keinen neutestamentlichen Teil bringt, sondern das Thema
nur in den Bereichen Religionsgeschichte, AT, Judentum und Systematische Theologie behandelt.

sich damit gerade durch diese *Unterscheidung* in seiner Besonderheit und Einzigartigkeit definiert.

Es liegt dann nahe, die Einheit des Christentums – um hier an die eingangs genannte Formulierung Luhmanns anzuknüpfen – nicht nur „in der Person des einzigen Gottes" bestimmt zu sehen, sondern vor allem „in einem spezifisch religiösen Dual"[48]. Genauer gesagt, handelt es sich um eine *Unterscheidung Christus – Gott*, die gerade als Unterscheidung dasjenige benennt, woran im Christentum geglaubt wird.[49] Der Christus-Begriff bezeichnet dabei die immanente Seite der Unterscheidung, also dasjenige, was sich dem Glaubenden innerweltlich an Gottes Wirklichkeit erschließt, der Gottesbegriff hingegen die transzendente Seite, die jede Festlegung des Gottesglaubens auf innerweltliche Phänomene oder Personen grundsätzlich überschreitet. Nicht nur der Bezug auf einen einzigen Gott, sondern auch und gerade der Verweis auf diese Unterscheidung Christus – Gott ist dann für das Christentum konstitutiv. Diese Unterscheidung – und nicht, wie Luhmann meint, die Festlegung auf den einen monotheistischen Gott – hat dem Christentum die zentrale Orientierung gegeben, die es ihm erlaubte, bei einer Pluralität theologischer Konzepte ein in sich geschlossenes System zu entwickeln.

In bezug auf ein differenziertes Verständnis des Monotheismus wird es schließlich hilfreich sein, bei der theologischen Weiterarbeit auch die von Luhmann aufgezeigte Verbindung von Gott und Seele erneut in den Blick zu nehmen. Wenn Luhmann mit seiner Beobachtung recht hat, daß der Monotheismus und die „Erfindung der Seele"[50] unmittelbar zusammengehören, dann wäre das theologische Verständnis des Monotheismus auch vom Gedanken der Subjektivität des Einzelnen her nochmals zu differenzieren. Der christliche Gottesbegriff ist dann zwar in dem oben angedeuteten Sinne vielleicht monotheistisch, aber auf höchst

---

[48] Diese Alternativen bietet LUHMANN in: Die Religion der Gesellschaft, 267, an.

[49] Diese Überlegung ist auch für die Frage der Kontinuität und Diskontinuität des christlichen zum jüdischen Glauben entscheidend. Vgl. dazu auch den Beitrag von ODA WISCHMEYER in diesem Band.

[50] LUHMANN, Die Religion der Gesellschaft, 267. Vgl. dazu die Erläuterungen oben unter 1.

subjektive Weise, weil mit der Vorstellung des einen Gottes zugleich die jeweils individuelle Aufnahme und Formulierung dieser Vorstellung durch einzelne Menschen verbunden ist.

Insofern stellt sich abschließend die Frage, ob und wie man im Christentum überhaupt von Monotheismus sprechen kann.[51] Was in den neutestamentlichen Schriften und daran anschließend in der christlichen Dogmatik entwickelt wurde, läßt sich – in Anknüpfung an Luhmann und zugleich über seine Festlegung des Christentums auf Monotheismus hinausgehend – vielleicht als *individueller*[52] *und an der Unterscheidung Christus*[53] *– Gott orientierter Glaube* bezeichnen.[54] Man kann sich deshalb bei der exegetischen Bearbeitung der neutestamentlichen Texte, in denen es um Gottes- und Christusglauben geht, wohl eher an dieser These orientieren als am Konzept des Monotheismus im strengen Sinne. Das Verständnis eines an der Unterscheidung Christus – Gott orientierten, individuellen Glaubens ermöglicht weitaus größere Spielräume für plurale Entwicklungen als das doch recht starre Konzept eines einzigen Gottes und wird damit dem frühen Christentum eher gerecht. Auf die im Titel genannte Frage kann man deshalb antworten: Christlicher Glaube zeichnet sich dadurch aus und wird damit von anderen Glaubensrichtungen unterscheidbar[55], daß der einzelne Glaubende jeweils mit der Unterscheidung zwischen Christus und Gott umgehen kann.

---

[51] Für GREGOR AHN besteht der Kerngedanke des Monotheismus darin, „von der Existenz und Wirksamkeit eines einzigen Gottes" auszugehen. (AHN, Monotheismus und Polytheismus, 1457.)

[52] Zur Verbindung von Individualität und Gottes- bzw. Christusglauben vgl. z. B. VOUGA, An die Galater, V, und STARNITZKE, Die doppelte Sicht des Ich.

[53] Wenn man hier „Jesus Christus" sagt, dann ergibt sich zusätzlich noch eine Unterscheidung zwischen dem Personennamen Jesus und der theologischen Bezeichnung als Messias.

[54] Vgl. dazu z. B. die Beiträge in KLAUCK (Hrsg.), Monotheismus und Christologie.

[55] Zu dieser Frage der Unterscheidbarkeit von anderen Religionen durch die Handhabung der Unterscheidung *Christus – Gott* vgl. auch den Beitrag von ODA WISCHMEYER.

# Literaturverzeichnis

AHN, GREGOR: Art. „Monotheismus und Polytheismus, I. Religionswissenschaftlich", RGG⁴ 5 (2002), 1457–1459.

AUFFAHRT, CHRISTOPH: Die frühen Christentümer als Lokale Religionen, ZAC 7 (2003), 14–26.

BAECKER, DIRK (Hrsg.): Kalkül der Form, Frankfurt a. M. 1993.

FOERSTER, HEINZ VON: Die Gesetze der Form, aus dem Englischen übersetzt von Dirk Baecker, in: BAECKER, Kalkül der Form, 8–11.

HÜBNER, HANS: Art. „Monotheismus und Polytheismus, III. Neues Testament", RGG⁴ 5 (2002), 1462–1463.

KAMMLER, HANS-CHRISTIAN: Die Prädikation Jesu Christi als „Gott" und die paulinische Christologie. Erwägungen zur Exegese von Röm 9,5b, ZNW 94 (2003), 164–180.

KLAUCK, HANS-JOSEF (Hrsg.): Monotheismus und Christologie. Zur Gottesfrage im hellenistischen Judentum und im Christentum (QD 138), Freiburg i. Br. 1992.

LUHMANN, NIKLAS: Funktion der Religion, Frankfurt a. M. 1977.

DERS.: Soziale Systeme. Grundriß einer allgemeinen Theorie, Frankfurt a. M. 1984.

DERS.: Die Wirtschaft der Gesellschaft, Frankfurt a. M. 1988.

DERS.: Die Ausdifferenzierung der Religion, in: Gesellschaftsstruktur und Semantik, Bd. 3, Frankfurt a. M. 1989, 259–357.

DERS.: Die Wissenschaft der Gesellschaft, Frankfurt a. M. 1990.

DERS.: Das Recht der Gesellschaft, Frankfurt a. M. 1993.

DERS.: Die Kunst der Gesellschaft, Frankfurt a. M. 1995.

DERS.: Die Gesellschaft der Gesellschaft, 2 Bände, Frankfurt a. M. 1997.

DERS.: Die Politik der Gesellschaft, posthum hrsg. v. André Kieserling, Frankfurt a. M. 2000.

DERS.: Die Religion der Gesellschaft, posthum hrsg. v. André Kieserling, Frankfurt a. M. 2000.

MÜLLER, HANS-PETER: Art. „Monotheismus und Polytheismus, II. Altes Testament", RGG⁴ 5 (2002), 1459–1462.

SPENCER BROWN, GEORGE: Laws of Form, Neudruck New York 1979.

SÖDING, THOMAS: „Ich und der Vater sind eins" (Joh 10,30). Die johanneische Christologie vor dem Anspruch des Hauptgebotes (Dtn 6,4f), ZNW 93 (2002), 177–199.

STARNITZKE, DIERK: Die doppelte Sicht des Ich. Eine Untersuchung der Kommunikationsstrukturen des Römerbriefes, Habilitationsschrift Kirchliche Hochschule Bethel 2002.

VOUGA, FRANÇOIS: An die Galater (HNT 10), Tübingen 1988.

WELKER, MICHAEL: Schöpfung und Wirklichkeit, Neukirchen-Vluyn 1995.

# Stellenregister

(in Auswahl)

## Altes Testament (LXX)

# Neues Testament

## Außerbiblische Schriften

# Namenregister

(in Auswahl)

## Antike Namen

## Neuzeitliche Namen